MW00680832

Ensayos sobre la vida sexual
y la teoría de las neurosis

Sigmund Freud:
Ensayos sobre la vida sexual
y la teoría de las neurosis

El Libro de Bolsillo
Alianza Editorial
Madrid

Título original: *Die Sexualität in der Ätiologie der Neurosen / Die «Kulturelle» Sexualmoral und die moderne Nervosität / Hysterische Phantasien und ihre Beziehung zur Bisexualität / Charakter und Analerotik / Allgemeines über den hysterischen Anfall / Beiträge zur Psychologie des Liebeslebens / Die psychogene Sehstörung in psychoanalytischer Auffassung / Über neurotische Erkrankungstypen / Die Disposition zur Zwangsneurose / Mitteilung eines der psychoanalytischen Theorie widersprechenden Falles von Paranoia / Über Triebumsetzungen, insbesondere der Analetorik / Eine Beziehung zwischen einen Symbol und einem Sympton / Psychogenese eines Falles von weiblicher Homosexualität / Einige neurotische Mechanismen bei Eifersucht, Paranoia und Homosexualität / Das ökonomische Problem des Masochismus.*
Traductor: Luis López-Ballesteros y de Torres.

Primera edición en «El Libro de Bolsillo»: 1967
Undécima reimpresión en «El Libro de Bolsillo»: 1995

© Sigmund Freud Copyrights, Ltd., Londres, 1966
© De la traducción: Biblioteca Nueva
© Ed. cast.: Alianza Editorial, S. A., Madrid, 1967, 1968, 1969, 1970, 1972, 1974, 1979, 1980, 1982, 1985, 1988, 1995
    Calle Juan Ignacio Luca de Tena, 15; 28027 Madrid; teléf. 393 88 88
    ISBN: 84-206-1062-3
    Depósito legal: M. 24.498-1995
    Impreso en Closas-Orcoyen, S. L. Polígono Igarsa
    Paracuellos de Jarama (Madrid)
    Printed in Spain

1. La sexualidad en la etiología de las neurosis

A mi juicio, el mejor camino para llegar a la comprensión de mi teoría sobre la significación de la sexualidad en la etiología de las neurosis es seguir paso a paso su desarrollo. No he de negar, en efecto, que dicha teoría ha pasado por una amplia evolución, modificándose en su trayectoria. En esta confesión podrán ver mis colegas una garantía de que mis afirmaciones son la resultante de una continuada serie de experiencias y no el fruto de una especulación, el cual puede, por el contrario, surgir de una sola vez en forma ya definitiva e invariable.

Mi teoría se refería en un principio tan sólo a aquellos cuadros patológicos concretados generalmente bajo el nombre de "neurastenia", entre los cuales atrajeron predominantemente mi atención dos tipos determinados, que en ocasiones aparecían también en forma pura y cuya descripción llevé a cabo diferenciándolos con los

nombres de "*neurastenia propiamente dicha*" y "*neurosis de angustia*". Se aceptaba en general que en la causación de tales formas patológicas podían intervenir
factores sexuales; pero no había llegado a comprobarse
su actuación regular, ni se pensaba siquiera en concederles algún predominio sobre las demás influencias etiológicas. Por lo que a mí respecta, me sorprendió desde
un principio la frecuente existencia de graves perturbaciones en la vida sexual de los nerviosos. Conforme fui
avanzando en la labor de buscar tales perturbaciones,
guiado por la idea de que los hombres ocultan siempre
la verdad en lo que a la sexualidad se refiere, y según
fui adquiriendo mayor destreza en la prosecución de esta
labor investigadora, no obstante la negativa inicial de
los pacientes, fue haciéndose más constante el descubrimiento de tales factores sexuales etiológicos, hasta con-
vencerme casi de su generalidad. Dada la extrema coerción que en este orden de cosas ejercen sobre el individuo
las normas sociales, la frecuencia de semejantes irregu-
laridades sexuales era de antemano sospechable, y sólo
faltaba por precisar qué medida había de alcanzar la
anormalidad sexual para poder ser considerada como
causa de enfermedad. Había, pues, de conceder al descubrimiento regular de dichas desviaciones sexuales menos
valor que a otra circunstancia que me pareció mucho
más unívoca. Resultó, en efecto, que la forma de la enfermedad —neurastenia o neurosis de angustia— aparecía en relación constante con el orden de la anormalidad
sexual descubierta. Los casos típicos de neurastenia tenían en general como precedente la masturbación habitual o continuadas poluciones espontáneas, y en los de
neurosis de angustia se revelaban factores tales como el
coito interrumpido, la "excitación frustrada" y otros
semejantes, en todos los cuales podía apreciarse, como
carácter común, una descarga insuficiente de la libido

generada. Sólo después de este descubrimiento, nada difícil y constantemente comprobable, me decidí a demandar para las influencias sexuales un lugar preferente en la etiología de las neurosis. A ello se añadió luego que en las frecuentísimas formas mixtas de neurastenia y neurosis de angustia comprobamos también una combinación de las etiologías supuestas para dichas formas patológicas, pareciendo, además, que tal dualidad de las formas neuróticas armonizaba muy bien con el carácter polar de la sexualidad (masculino y femenino).

En esta misma época en que comencé a atribuir a la sexualidad una intervención en la génesis de las neurosis simples, sostenía con respecto a las psiconeurosis (histeria y neurosis obsesiva) una teoría puramente psicológica, que no concedía al factor sexual importancia mayor que a las demás fuentes emotivas. En unión del doctor J. Breuer, y continuando ciertas observaciones por él realizadas diez años atrás en una enferma de histeria, había estudiado, por medio de evocación de los recuerdos del paciente durante la hipnosis, el mecanismo de la génesis de los síntomas histéricos, deduciendo conclusiones que permitían tender un puente entre la histeria traumática de Charcot y la histeria común no traumática. Llegamos así a la teoría de que los síntomas histéricos son efectos perdurables de traumas psíquicos, cuya carga de afecto quedó excluida por determinadas circunstancias de una elaboración consciente, habiendo tenido que abrirse paso, en consecuencia, por un camino anormal conducente a la inervación somática. Los términos "afecto coartado", "conversión" y "derivación reactiva" sintetizan lo más característico de esta teoría.

Las relaciones de las psiconeurosis, con las neurosis simples, tan estrechas que el diagnóstico diferencial no es siempre fácil para el médico poco experimentado, hacían prever que lo descubierto en uno de tales sectores se diera también en el otro. Pero, además, la investigación del mecanismo psíquico de los síntomas histéricos nos condujo a idénticos resultados. En efecto: al investigar por medio del método catártico, obra de Breuer y mía, los traumas psíquicos de los que se derivan los síntomas histéricos, llegamos, en último término, a sucesos de orden sexual vividos por el enfermo en edad infantil, y esto aun en aquellos casos en los que la explosión de la enfermedad aparecía provocada por una emoción trivial de carácter no sexual. Sin tener en cuenta tales traumas sexuales infantiles resultaba imposible explicar los síntomas, llegar a la inteligencia de su determinación y prevenir su retorno. De este modo quedó ya indudablemente fijada la singular importancia de los sucesos sexuales en la etiología de las psiconeurosis, hecho que continúa constituyendo una de las bases fundamentales de nuestra teoría.

Esta teoría podrá parecer extraña si nos limitamos a formularla diciendo que la causa de la neurosis histérica, prolongada a través de toda una vida, reposa en las experiencias sexuales, insignificantes casi siempre en sí, vividas por el sujeto en su temprana infancia. Pero si atendemos a su evolución histórica y concretamos su contenido esencial en el principio de que la histeria es la expresión de una conducta especial de la función sexual del individuo, determinada y regulada por las primeras influencias y experiencias sexuales infantiles, nuestras afirmaciones perderán todo carácter paradójico y pasarán a constituir un poderoso motivo para orientar la atención científica hacia los efectos ulteriores de las impresiones infantiles, tan importantes como desatendidos hasta ahora.

Reservando para más adelante la cuestión de si las experiencias sexuales infantiles pueden ser consideradas como causa etiológica de la histeria (y de la neurosis

La sexualidad en la etiología de las neurosis   11

obsesiva), volveremos a la descripción de nuestra teoría
tal y como hubimos de presentarla en algunos breves
trabajos provisionales, publicados en los años de 1895
y 1896. La acentuación de los factores etiológicos
supuestos permitía por entonces oponer las neurosis
comunes, como enfermedades con etiología actual, a las
psiconeurosis, cuya etiología había de ser buscada predominantemente en las experiencias sexuales de la temprana infancia. La teoría culminaba en el principio siguiente: dada una vida sexual normal es imposible una
neurosis.

Aunque las afirmaciones que preceden continúan pa-
reciéndome, en el fondo, exactas, no extrañará que en
diez años de ininterrumpida labor se haya hecho más
preciso y profundo mi conocimiento de la cuestión, siéndome hoy posible corregir los defectos de que al principio adoleció mi teoría.

El material por entonces reunido, escaso aún, integraba casualmente un número desproporcionado de casos en
cuya historia infantil desempeñaba el papel principal
la iniciación sexual del sujeto por individuos adultos o
por otros niños de más edad, circunstancia que me sugirió
una idea exagerada de la frecuencia de tales sucesos, tanto
más cuanto que por aquella época no había llegado aún
a poder distinguir con seguridad los falsos recuerdos infantiles con los histéricos, de las huellas dejadas en su
memoria por sucesos realmente acaecidos. De entonces
acá he aprendido a ver en algunas de aquellas fantasías
mnémicas de iniciación sexual tentativas de defensa contra el recuerdo de la propia actividad sexual (masturbación infantil), habiendo debido abandonar, en consecuencia, la acentuación del elemento "traumático" en las
experiencias infantiles para retener tan sólo el hecho de
que la actividad sexual infantil (espontánea o provocada)
marca decisivamente la dirección de la vida sexual ulte-

rior del adulto. Esta aclaración, que vino a rectificar el
más importante de mis errores iniciales, debía modificar
también mi concepción del mecanismo de los síntomas
histéricos, los cuales no se me aparecieron ya como deri-
vaciones directas de los recuerdos reprimidos de experiencias sexuales infantiles, pues entre ellos y las impresiones infantiles vinieron ahora a interpolarse las
fantasías mnémicas de los enfermos (recuerdos imagina-
rios, fantaseados por lo general en los años de la pubertad), fantasías estas que, por un lado, aparecían
construidas sobre la base y con los materiales de los
recuerdos infantiles y se convertían, por otro, en síntomas. Esta introducción de las fantasías histéricas nos
descubrió ya la contextura de las neurosis y su relación
con la vida del enfermo, revelándosenos al mismo tiempo una sorprendente analogía entre tales fantasías y
aquellas que se hacen conscientes en los delirios de los
paranoicos.

Después de esta rectificación, los "traumas sexuales
infantiles" quedaron, en cierto modo, sustituidos por el
"infantilismo de la sexualidad". No se hizo esperar una
segunda modificación de la teoría primitiva. Con la supuesta frecuencia de la iniciación sexual en época infantil
cayó también por tierra la importancia predominante de
la gran influencia *accidental* de la sexualidad, a la cual
me inclinaba yo a atribuir el papel principal en la causación de la enfermedad, aunque sin negar la intervención
de factores constitucionales y hereditarios. Había llegado
incluso a concebir esperanzas de resolver el problema de
la elección de neurosis descubriendo una relación constante entre los detalles de las experiencias sexuales infantiles del enfermo y la forma de su psiconeurosis ulterior, y opinaba —si bien con ciertas reservas— que una
conducta pasiva en tales sucesos generaba la disposición a la histeria, y, en cambio, una conducta activa, la

disposición a la neurosis obsesiva. Posteriormente hube de renunciar por completo a esta hipótesis, si bien existen ciertos hechos que imponen mantener hasta cierto punto la sospechada relación entre la pasividad y la histeria y la actividad y la neurosis obsesiva. Con la renuncia a esta influencia accidental de la sexualidad recobraban la supremacía los factores constitucionales y hereditarios; pero, a diferencia de la opinión por entonces dominante, la "constitución sexual" se sustituía, para mí, a la disposición neuropática general. En mi obra *Tres ensayos sobre una teoría sexual* (1905) llevé a cabo una tentativa de describir la diversidad de esta constitución sexual, el carácter compuesto del instinto sexual en general y su origen en diversas fuentes del organismo.

Siempre, como consecuencia de la rectificación introducida en mi concepción de los "traumas sexuales infantiles", fue desarrollándose ahora mi teoría en una dirección iniciada ya en mis publicaciones de los años 1894 a 1896. Por esta época, y antes de situar la sexualidad en el lugar que le correspondía en la etiología, habíamos indicado ya, como condición de la eficacia patógena de una experiencia, el que ésta pareciese intolerable al *yo* y despertase una tendencia a la defensa. A esta defensa atribuía yo la disociación psíquica —o como antes se decía: la disociación de la conciencia— emergente en la histeria. Si la defensa triunfaba, la experiencia intolerable quedaba expulsada, en todas sus secuelas afectivas, de la conciencia y del recuerdo del *yo*. Pero en determinadas circunstancias lo expulsado desarrollaba, ya como algo inconsciente, una intensa eficacia y retornaba a la conciencia por medio de los síntomas y de los afectos a ellos concomitantes, correspondiendo así la enfermedad a un fracaso de la defensa. Esta concepción tenía ya el mérito de penetrar en el funcionamiento de las fuerzas psíquicas y aproximar así los pro-

cesos anímicos de la histeria a los normales, en lugar de
transferir la característica de la neurosis a una perturbación enigmática no analizable.

Cuando la investigación de sujetos que habían permanecido normales nos llevó luego al resultado inesperado de que la historia sexual infantil de tales personas
no precisaba diferenciarse esencialmente de la de los
neuróticos, ni siquiera en lo relativo a la temprana iniciación sexual, las influencias accidentales fueron cedien-
do aún más el puesto a la de la *represión* (término que
comencé entonces a sustituir al de "defensa"). Así, pues,
lo importante no eran ya las excitaciones sexuales que
el individuo hubiera experimentado en su infancia, sino
sobre todo su reacción a tales impresiones y el haber
respondido o no a ellas con la represión. En muchos
casos de actividad sexual infantil espontánea pudo de-
mostrarse que tal actividad quedaba interrumpida en el
curso del desarrollo por una represión. Resultó así que
el neurótico adulto traía consigo desde su infancia cierta
medida de "represión sexual" que se exteriorizaba luego
bajo la presión de las exigencias de la vida real. Los
psicoanálisis de sujetos histéricos mostraron que su enfermedad era el resultado de un conflicto entre la libido
y la represión sexual y que sus síntomas constituían una
transacción entre ambas corrientes anímicas.

Para continuar explicando esta parte de mi teoría habría que desarrollar previamente una experiencia detallada de mis ideas sobre la represión. Pero me limitaré a
remitir al lector a mis *Tres ensayos sobre una teoría
sexual* (1905), en los que he intentado arrojar alguna
luz sobre los procesos somáticos en que ha de buscarse
la esencia de la sexualidad. Indiqué en ellos que la disposición sexual constitucional del niño es mucho más
compuesta de lo que podía sospecharse, debiendo ser
considerada como "polimórficamente perversa", y que de

esta disposición nace, por medio de la represión de determinados componentes, la conducta llamada normal de la función sexual. Apoyándome en los caracteres infantiles de la sexualidad, me fue posible establecer una sencilla conexión entre la salud, la perversión y la neurosis. La normalidad resultaba de la represión de ciertos instintos parciales y determinados componentes de las disposiciones infantiles y de la subordinación de los demás a la primacía de las zonas genitales en servicio de la reproducción. Las perversiones correspondían a perturbaciones de esta síntesis por un desarrollo exagerado y como obsesivo de alguno de aquellos instintos parciales, y la neurosis se reducía a una represión excesiva de las tendencias libidinosas. La posibilidad de señalar siempre en la neurosis la existencias de casi todos los instintos perversos de la disposición infantil, como fuerzas productoras de síntomas, me llevó a definir la neurosis como el "negativo" de la perversión.

Creo conveniente hacer resaltar que mis opiniones sobre la etiología de las psiconeurosis han sostenido siempre, a través de todas sus modificaciones, dos puntos de vista: la importancia de la *sexualidad* y la del *infantilismo*. En cambio, las influencias accidentales han sido sustituidas por factores constitucionales, y la "defensa", puramente psicológica, por la "represión sexual" orgánica. Se nos preguntará, quizá, dónde es posible hallar una prueba concluyente de la importancia que atribuimos a los factores sexuales en la etiología de las psiconeurosis, perturbaciones que vemos surgir consecutivamente a las emociones más triviales e incluso a estímulos somáticos, ya que, por nuestra parte, hemos tenido que renunciar a referir a una etiología específica constituida por determinadas experiencias infantiles. En respuesta a tal interrogación señalaremos la investigación psicoanalítica como fuente de nuestra discutida convicción. Empleando

este insustituible método de investigación descubrimos
que *los síntomas representan la actividad sexual de los
enfermos,* total o sólo en parte, emanada de instintos
parciales, normales o perversos de la sexualidad. No es
sólo que gran parte de la sintomatología histérica se halle
constituida por manifestaciones de la excitación sexual,
ni que una serie de zonas erógenas se eleve en la neurosis, por intensificación de las cualidades infantiles, a la
categoría de genitales; es también que incluso los síntomas más complicados se nos revelan como representaciones disfrazadas de fantasías, cuyo contenido es una
situación sexual. Sabiendo interpretar el lenguaje de la
histeria se ve claramente que el nódulo de la neurosis
no es sino la sexualidad reprimida de los enfermos;
entendiendo, desde luego, la función sexual en toda su
verdadera amplitud, circunscrita por la disposición infantil. En aquellos casos en los que ha de aceptarse la
intervención de una emoción trivial en la causación de
la enfermedad, demuestra el análisis que el efecto patógeno ha sido obra del componente sexual, siempre
existente, del suceso traumático.

Inadvertidamente hemos pasado del problema de la
causación de las psiconeurosis al de su esencia. Si se
quieren tener en cuenta los descubrimientos psicoanalíticos ha de afirmarse que la esencia de estas enfermedades reposa en perturbaciones de los procesos sexuales;
de aquellos procesos orgánicos que determinan la producción y el empleo de la libido sexual. En último término, no podemos por menos de representarnos estos
procesos como de orden químico, viendo así en las neurosis actuales los efectos somáticos, y en las psiconeurosis, además, los psíquicos de los trastornos del metabo-
lismo sexual. La analogía de las neurosis con los fenómenos de intoxicación y de abstinencia, consecutivos al
uso de ciertos alcaloides, y con la enfermedad de Base-

dow y la de Addison, se impone clínicamente, y del mismo modo que estas dos últimas enfermedades no pueden ser ya descritas como "enfermedades de los nervios", también las "neurosis" propiamente dichas habrán de ser excluidas de tal categoría, no obstante su nombre.

A la etiología de las neurosis pertenece, además, todo aquello que puede actuar dañosamente sobre los procesos que se desarrollan al servicio de la función sexual. Así, pues, en primer término, aquellas desviaciones que afectan a la propia función sexual, en cuanto pueden significar un daño de la constitución sexual, variable según el grado de cultura y educación. En segundo, aquellas otras distintas desviaciones y aquellos traumas que, dañando en general el organismo, perturban secundariamente los procesos sexuales que en él se desarrollan.

Pero no debe olvidarse que el problema etiológico de las neurosis es, por lo menos, tan complicado como el de cualquier otra enfermedad. Casi nunca resulta suficiente una única influencia patógena. Por lo general se hace precisa una multiplicidad de factores etiológicos, que se apoyan entre sí, y no deben, por tanto, ser opuestos unos a otros. De aquí también que el estado patológico neurótico no aparezca precisamente diferenciado de la salud.

La enfermedad es el resultado de una acumulación, y la medida de las condiciones etiológicas puede ser completada desde cualquier sector. Buscar la etiología de las neurosis exclusivamente en la herencia o en la constitución sería tan unilateral como elevar tan sólo a la categoría etiológica las influencias accidentales ejercidas sobre la sexualidad en el curso vital del sujeto, aunque hayamos descubierto que la esencia de estas enfermedades consiste tan sólo en una perturbación de los procesos sexuales que se desarrollan en el organismo.

Año 1906

2. La moral sexual "cultural" y la nerviosidad moderna

En su *Ética sexual*, recientemente publicada, establece Ehrenfels una distinción entre moral sexual "natural" y moral sexual "cultural". Por moral sexual natural entiende aquella bajo cuyo régimen puede una raza conservarse duraderamente en plena salud y capacidad vital. Moral sexual cultural sería, en cambio, aquella cuyos dictados impulsan al hombre a una obra de cultura más productiva e intensa. Esta antítesis se nos hará más transparente si oponemos entre sí el acervo *constitutivo* de un pueblo y su acervo *cultural*. Remitiendo a la citada obra de Ehrenfels a aquellos lectores que quieran seguir hasta su fin este importante proceso mental, me limitaré aquí a desarrollarlo lo estrictamente necesario para enlazar con él algunas aportaciones personales.

No es arriesgado suponer que bajo el imperio de una moral sexual cultural pueden quedar expuestas a ciertos daños la salud y la energía vital individuales, y que este daño, infligido a los individuos por los sacrificios que les son impuestos, alcanza por último tan alto grado que llega a constituir también un peligro para el fin social. Ehrenfels señala, realmente, toda una serie de daños, de los que se ha de hacer responsable a la moral sexual dominante en nuestra sociedad occidental contemporánea, y aunque la reconoce muy apropiada para el progreso de la cultura, concluye postulando la necesidad de reformarla. Las características de la moral sexual cultural bajo cuyo régimen vivimos serían —según nuestro autor— la transferencia de las reglas de la vida sexual femenina a la masculina y la prohibición de todo comercio sexual fuera de la monogamia conyugal. Pero las diferencias naturales de los sexos habrían impuesto mayor tolerancia para las transgresiones sexuales del hombre, creándose así en favor de éste una segunda moral. Ahora bien: una sociedad que tolera esta *doble* moral no puede superar cierta medida, harto limitada, de "amor a la verdad, honradez y humanidad", y ha de impulsar a sus miembros a ocultar la verdad, a pintar las cosas con falsos colores, a engañarse a sí mismos y a engañar a los demás. Otro daño aún más grave, imputable a la moral sexual cultural, sería el de paralizar —con la exaltación de la monogamia— la *selección viril*, único influjo susceptible de procurar una mejora de la constitución, ya que los pueblos civilizados han reducido al mínimo, por humanidad y por higiene, la *selección vital*.

Entre estos perjuicios, imputados a la moral sexual cultural, ha de echar de menos el médico uno cuya importancia analizaremos aquí detenidamente. Me refiero a la difusión, a ella imputable, de la nerviosidad en nuestra sociedad moderna. En ocasiones es el mismo enfermo nervioso quien llama la atención del médico sobre la antítesis, observable en la causación de la enfermedad, entre la constitución y las exigencias culturales, dicién-

dole: "En nuestra familia, todos hemos enfermado de
los nervios por haber querido llegar a ser algo más
de lo que nuestro origen nos permitía." No es tampoco
raro que el médico se vea movido a reflexionar por la
observación de que precisamente sucumben a la nerviosidad los descendientes de aquellos hombres de origen
campesino, sencillo y sano, procedentes de familias ru-
das, pero fuertes, que emigraron a la ciudad y conquis-
taron en ella posición y fortuna, haciendo que sus hijos
se elevasen en un corto período de tiempo a un alto nivel cultural. Pero, además, los mismos neurólogos pro-
claman ya la relación del "incremento de la nerviosidad"
con la moderna vida cultural. Algunas manifestaciones
de los observadores más autorizados en este sector nos
indicarán dónde se cree ver el fundamento de tal dependencia:

W. Erb[1]: "La cuestión planteada es la de si las causas de la nerviosidad antes expuestas se hallan realmente
dadas en la vida moderna en tan elevada medida que
expliquen el extraordinario incremento de tal enfermedad, y a esta interrogación hemos de contestar en el
acto afirmativamente, pues nos basta para ello echar una
rápida ojeada sobre nuestra vida moderna y su particu-
lar estructura.

"La simple enunciación de una serie de hechos generales basta ya para demostrar nuestro postulado: las
extraordinarias conquistas de la Edad Moderna, los descubrimientos e invenciones en todos los sectores y la
conservación del terreno conquistado contra la competencia cada vez mayor no se han alcanzado sino mediante
una enorme labor intelectual, y sólo mediante ella pueden ser mantenidos. Las exigencias planteadas a nuestra
capacidad funcional en la lucha por la existencia son
cada vez más altas, y sólo podemos satisfacerlas poniendo
en el empeño la totalidad de nuestras energías anímicas.

Al mismo tiempo, las necesidades individuales y el ansia de goces han crecido en todos los sectores; un lujo inaudito se ha extendido hasta penetrar en capas sociales a las que jamás había llegado antes; la irreligiosidad, el descontento y la ambición han aumentado en amplios sectores del pueblo; el extraordinario incremento del comercio y las redes de telégrafos y teléfonos que envuelven el mundo han modificado totalmente el ritmo de la vida; todo es prisa y agitación; la noche se aprovecha para viajar, el día para los negocios, y hasta los 'viajes de recreo' exigen un esfuerzo al sistema nervioso. Las grandes crisis políticas, industriales o financieras llevan su agitación a círculos sociales mucho más extensos. La participación en la vida política se ha hecho general. Las luchas sociales, políticas y religiosas, la actividad de los partidos, la agitación electoral y la vida corporativa, intensificada hasta lo infinito, acaloran los cerebros e imponen a los espíritus un nuevo esfuerzo cada día, robando el tiempo al descanso, al sueño y a la recuperación de energías. La vida de las grandes ciudades es cada vez más refinada e intranquila. Los nervios, agotados, buscan fuerzas en excitantes cada vez más fuertes, en placeres intensamente especiados, fatigándose aún más en ellos. La literatura moderna se ocupa preferentemente de problemas sospechosos, que hacen fermentar todas las pasiones y fomentan sensualidad, el ansia de placer y el desprecio de todos los principios éticos y todos los ideales, presentando a los lectores figuras patológicas y cuestiones psicopáticosexuales y revolucionarias. Nuestro oído está sobreexcitado por una música ruidosa y violenta; los teatros captan todos los sentidos en sus representaciones excitantes, e incluso las artes plásticas se orientan con preferencia hacia lo feo, repugnante o excitante, sin espantarse de presentar a nuestros ojos, con un repugnante realismo, lo más horrible que la realidad puede ofrecernos.

"Este cuadro general, que nos señala ya en nuestra cultura moderna tóda una serie de peligros, puede ser aún completado con la adición de algunos detalles."

Binswanger[2]: "Se indica especialmente la neurastenia como una enfermedad por completo moderna, y Beard, a quien debemos su primera descripción detallada, creía haber descubierto una nueva enfermedad nerviosa nacida en suelo americano. Esta hipótesis era, naturalmente, errónea; pero el hecho de haber sido un médico americano quien primeramente pudiese aprehender y retener, como secuela de una amplia experiencia clínica, los singulares rasgos de esta enfermedad, demuestra la íntima conexión de la misma con la vida moderna, con la fiebre de dinero y con los enormes progresos técnicos que han echado por tierra todos los obstáculos de tiempo y espacio opuestos antes a la vida de relación."

Krafft-Ebing[3]: "En nuestras modernas sociedades civilizadas es infinito el número de hombres cuya vida integra una plenitud de factores antihigiénicos más que suficiente para explicar el incremento de la nerviosidad, pues tales factores actúan primero y principalmente sobre el cerebro. Las circunstancias sociales y políticas, y más aún las mercantiles, industriales y agrarias de las naciones civilizadas han sufrido, en el curso del último decenio, modificaciones que han transformado por completo la propiedad y las actividades profesionales y ciudadanas, todo ello a costa del sistema nervioso, que se ve obligado a responder al incremento de las exigencias sociales y económicas con un gasto mayor de energía, para cuya reposición no se le concede, además, descanso suficiente."

De estas teorías, así como de otras muchas de análogo

contenido, no podemos decir que sean totalmente inexac-
tas; pero sí que resultan insuficientes para explicar las
peculiaridades de las perturbaciones nerviosas y, sobre
todo, que desatienden precisamente el factor etiológico
más importante. Prescindiendo, en efecto, de los estados
indeterminados de "nerviosidad" y ateniéndonos tan sólo
a las formas neuropatológicas propiamente dichas, vemos reducirse la influencia perjudicial de la cultura a
una coerción nociva de la vida sexual de los pueblos
civilizados (o de los estratos sociales cultos), por la moral
sexual cultural en ellos imperante.

En esta serie de escritos profesionales he tratado ya
de aportar la prueba de esta afirmación. No he de repe-
tirla aquí; pero sí extractaré los argumentos principales,
deducidos de mis investigaciones.

Una continua y penetrante observación clínica nos au-
toriza a distinguir en los estados neuropatológicos dos
grandes grupos: las *neurosis* propiamente dichas y las
psiconeurosis. En las primeras, los síntomas, somáticos
o psíquicos, parecen ser de naturaleza *tóxica,* compor-
tándose idénticamente a los fenómenos consecutivos a
una incorporación exagerada o a una privación repentina
de ciertos tóxicos del sistema nervioso. Estas neurosis
—sintetizadas generalmente bajo el concepto de neurastenia— pueden ser originadas, sin que sea indispensable
la colaboración de una tara hereditaria, por ciertas anormalidades nocivas de la vida sexual, correspondiendo
precisamente la forma de la enfermedad a la naturaleza
especial de dichas anormalidades, y ello de tal manera
que del cuadro clínico puede deducirse directamente muchas veces la especial etiología sexual. Ahora bien: entre
la forma de la enfermedad nerviosa y las restantes influencias nocivas de la cultura, señaladas por los distintos autores, no aparece jamás tal correspondencia regular. Habremos, pues, de considerar el factor sexual

como el más esencial en la causación de las neurosis
propiamente dichas.

En las psiconeurosis es más importante la influencia
hereditaria y menos transparente la causación. Un método
singular de investigación, conocido con el nombre de psicoanálisis, ha permitido descubrir que los síntomas de
estos padecimientos (histeria, neurosis obsesiva, etc.) son
de carácter *psicógeno* y dependen de la acción de complejos inconscientes (reprimidos) de representaciones. Este
mismo método nos ha llevado también al conocimiento
de tales complejos, revelándonos que integran en general un contenido sexual, pues nacen de las necesidades
sexuales de individuos insatisfechos, y representan para
ellos una especie de satisfacción sustitutiva. De este modo
habremos de ver en todos aquellos factores que dañan la
vida sexual, cohíben su actividad o desplazan sus fines,
factores patógenos también de las psiconeurosis.

El valor de la diferenciación teórica entre neurosis
tóxicas y neurosis psicógenas no queda disminuido por
el hecho de que en la mayoría de las personas nerviosas
puedan observarse perturbaciones de ambos orígenes.

Aquellos que se hallen dispuestos a buscar conmigo
la etiología de la nerviosidad en ciertas anormalidades
nocivas de la vida sexual leerán con interés los desarrollos que siguen, destinados a insertar el tema del incremento de la nerviosidad en más amplio contexto.

Nuestra cultura descansa totalmente en la coerción
de los instintos. Todos y cada uno hemos renunciado a
una parte de las tendencias agresivas y vindicativas de
nuestra personalidad, y de estas aportaciones ha nacido
la común propiedad cultural de bienes materiales e ideales. La vida misma, y quizá también muy principalmente
los sentimientos familiares, derivados del erotismo, han
sido los factores que han motivado al hombre a tal renuncia, la cual ha ido haciéndose cada vez más amplia

en el curso del desarrollo de la cultura. Por su parte, la
religión se ha apresurado a sancionar inmediatamente
tales limitaciones progresivas, ofrendando a la divinidad
como un sacrificio cada nueva renuncia a la satisfacción
de los instintos, y declarando "sagrado" el nuevo pro-
vecho así aportado a la colectividad. Aquellos individuos
a quienes una constitución indomable impide incorpo-
rarse a esta represión general de los instintos son considerados por la sociedad como "delincuentes" y declara-
dos fuera de la ley, a menos que su posición social o sus
cualidades sobresalientes les permitan imponerse como
"grandes hombres" o como "héroes".

El instinto sexual —o mejor dicho, los instintos sexuales, pues la investigación analítica enseña que el instinto
sexual es un compuesto de muchos instintos parciales—
se halla probablemente más desarrollado en el hombre
que en los demás animales superiores, y es, desde luego,
en él mucho más constante, puesto que ha superado casi
por completo la periodicidad, a la cual aparece sujeto
en los animales. Pone a la disposición de la labor cultural
grandes magnitudes de energía, pues posee en alto grado
la peculiaridad de poder desplazar su fin sin perder gran-
demente en intensidad. Esta posibilidad de cambiar el
fin sexual primitivo por otro, ya no sexual, pero psíquicamente afín al primero, es lo que designamos con el
nombre de capacidad de *sublimación*. Contrastando con
tal facultad de desplazamiento que constituye su valor
cultural, el instinto sexual es también susceptible de tenaces fijaciones, que lo inutilizan para todo fin cultural
y lo degeneran, conduciéndole a las llamadas anormalidades sexuales. La energía original del instinto sexual
varía probablemente con el objeto e igualmente, desde
luego, su parte susceptible de sublimación. A nuestro
juicio, la organización congénita es la que primeramente
decide qué parte del instinto podrá ser susceptible de

sublimación en cada individuo; pero además, las influencias de la vida y la acción del intelecto sobre el aparato anímico consiguen sublimar otra nueva parte. Claro está que este proceso de desplazamiento no puede ser continuado hasta lo infinito, como tampoco puede serlo la transformación del calor en trabajo mecánico en nuestras maquinarias. Para la inmensa mayoría de las organizaciones parece imprescindible cierta medida de satisfacción sexual directa, y la privación de esta medida, individualmente variable, se paga con fenómenos que, por su daño funcional y su carácter subjetivo displaciente, hemos de considerar como patológicos.

Aún se nos abren nuevas perspectivas al atender al hecho de que el instinto sexual del hombre no tiene originariamente como fin la reproducción, sino determinadas formas de la consecución del placer. Así se manifiesta efectivamente en la niñez individual, en la que alcanza tal consecución de placer no sólo en los órganos genitales, sino también en otros lugares del cuerpo (zonas erógenas), y puede, por tanto, prescindir de todo otro objeto erótico menos cómodo. Damos a esta fase el nombre de estadio de *autoerotismo,* y adscribimos a la educación la labor de limitarlo, pues la permanencia en él del instinto sexual le haría incoercible e inaprovechable ulteriormente. El desarrollo del instinto sexual pasa luego del autoerotismo al amor a un objeto, y de la autonomía de las zonas erógenas a la subordinación de las mismas a la primacía de los genitales, puestos al servicio de la reproducción. En el curso de esta evolución, una parte de la excitación sexual, emanada del propio cuerpo, es inhibida como inaprovechable para la reproducción, y en el caso más favorable, conducida a la sublimación. Resulta así que mucha parte de las energías utilizables para la labor cultural tiene su origen en la

represión de los elementos perversos de la excitación
sexual.

Ateniéndonos a estas fases evolutivas del instinto sexual, podremos distinguir tres grados de cultura: uno, en
el cual la actividad del instinto sexual va libremente
más allá de la reproducción; otro, en el que el instinto
sexual queda coartado en su totalidad, salvo en la parte
puesta al servicio de la reproducción, y un tercero, en
fin, en el cual sólo la reproducción legítima es considerada y permitida como fin sexual. A este tercer estadio
corresponde nuestra presente moral sexual "cultural".

Tomando como nivel el segundo de estos estadios,
comprobamos ya la existencia de muchas personas a
quienes su organismo no permite plegarse a las normas
en él imperantes. Hallamos, en efecto, series enteras de
individuos en los cuales la citada evolución del instinto
sexual, desde el autoerotismo al amor a un objeto, con
la reunión de los genitales como fin, no ha tenido efecto
de un modo correcto y completo, y de estas perturbaciones del desarrollo resultan dos distintas desviaciones nocivas de la sexualidad normal; esto es, propulsoras de la
cultura; desviaciones que se comportan entre sí como
un positivo y un negativo. Trátase aquí —exceptuando a
aquellas personas que presentan un instinto sexual exageradamente intenso e indomable— de las diversas es-
pecies de *perversos,* en los que una fijación infantil a un
fin sexual provisional ha detenido la primacía de la función reproductora, y en segundo lugar, de los *homosexuales* o *invertidos,* en los cuales, y de un modo aún
no explicado por completo, el instinto sexual ha quedado
desviado del sexo contrario. Si el daño de estas dos clases de perturbaciones del desarrollo es en realidad menor
de lo que podría esperarse, ello se debe, sin duda, a la
compleja composición del instinto sexual, que permite
una estructuración final aprovechable de la vida sexual,

aun cuando uno o varios componentes del instinto hayan
quedado excluidos del desarrollo. Así, la constitución de
los invertidos u homosexuales se caracteriza frecuentemente por una especial aptitud del instinto sexual para
la sublimación cultural.

De todos modos, un desarrollo intenso o hasta exclusivo de las perversiones o de la homosexualidad hace
desgraciado al sujeto correspondiente y le inutiliza so-
cialmente, resultando así que ya las exigencias culturales
del segundo grado han de ser reconocidas como una fuente de dolor para cierto sector de la Humanidad. Los
destinos de estas personas, cuya constitución difiere de la
de sus congéneres, son muy diversos, según la menor o
mayor energía de su instinto sexual. Dado un instinto
sexual débil, pueden los perversos alcanzar una coerción
total de aquellas tendencias que los sitúan en conflicto
con las exigencias morales de su grado de cultura. Pero
éste es también su único rendimiento, pues agotan en tal
inhibición de sus instintos sexuales todas las energías, que
de otro modo aplicarían a la labor cultural. Quedan re-
ducidos a su propia lucha interior y paralizados para toda
acción exterior. Se da en ellos el mismo caso que más
adelante volveremos a hallar al ocuparnos de la abstinencia exigida en el tercer grado cultural.

Dado un instinto sexual muy intenso, pero perverso,
pueden esperarse dos desenlaces. El primero, que bastará
con enunciar, es que el sujeto permanezca perverso y
condenado a soportar las consecuencias de su divergencia del nivel cultural. El segundo es mucho más interesante y consiste en que, bajo la influencia de la educación y de las exigencias sociales, se alcanza, sí, una cierta
inhibición de los instintos perversos; pero una inhibición
que, en realidad, no logra por completo su fin, pudiendo
calificarse de inhibición frustrada. Los instintos sexuales
coartados, no se exteriorizan ya, desde luego, como tales

—y en esto consiste el éxito parcial del proceso inhibitorio—; pero sí en otra forma igualmente nociva para el individuo y que le inutiliza para toda labor social tan en absoluto como le hubiera inutilizado la satisfacción inmodificada de los instintos inhibidos. En esto último consiste el fracaso parcial del proceso; fracaso que, a la larga, anula el éxito. Los fenómenos sustitutivos, provocados en este caso por la inhibición de los instintos, constituyen aquello que designamos con el nombre de nerviosidad, y más especialmente con el de psiconeurosis. Los neuróticos son aquellos hombres que, poseyendo una organización desfavorable, llevan a cabo, bajo el influjo de las exigencias culturales, una inhibición aparente, y en el fondo fracasada, de sus instintos, y que, por ello, sólo con un enorme gasto de energías y sufriendo un continuo empobrecimiento interior pueden sostener su colaboración en la obra cultural o tienen que abandonarla temporalmente por enfermedad. Calificamos a las neurosis de "negativo" de las perversiones porque contienen en estado de "represión" las mismas tendencias, las cuales, después del proceso represor, continúan actuando desde lo inconsciente.

La experiencia enseña que para la mayoría de los hombres existe una frontera más allá de la cual no puede seguir su constitución las exigencias culturales. Todos aquellos que quieren ser más nobles de lo que su constitución les permite sucumben a la neurosis. Se encontrarían mejor si les hubiera sido posible ser peores. La afirmación de que la perversión y la neurosis se comportan como un positivo y un negativo encuentra con frecuencia una prueba inequívoca en la observación de sujetos pertenecientes a una misma generación. No es raro encontrar una pareja de hermanos en la que el varón es un perverso sexual y la hembra, dotada como tal de un instinto sexual más débil, una neurótica, pero con la

particularidad de que sus síntomas expresan las mismas
tendencias que las perversiones del hermano, más acti-
vamente sexual. Correlativamente, en muchas familias
son los hombres sanos, pero inmorales hasta un punto
indeseable, y las mujeres, nobles y refinadas, pero gra-
vemente nerviosas.

Una de las más evidentes injusticias sociales es la de
que el *standard* cultural exija de todas las personas la
misma conducta sexual, que, fácil de observar para aquellas cuya constitución se lo permite, impone a otros los
más graves sacrificios psíquicos. Aunque claro está que
esta injusticia queda eludida en la mayor parte de los casos por la trasgresión de los preceptos morales.

Hasta aquí hemos desarrollado nuestras observaciones
refiriéndonos a las exigencias planteadas al individuo en
el segundo de los grados de cultura por nosotros supues-
to, en el cual sólo quedan prohibidas las actividades
sexuales llamadas perversas, concediéndose, en cambio,
amplia libertad al comercio sexual considerado como
normal. Hemos comprobado que ya con esta distribución
de las libertades y las restricciones sexuales queda situado al margen, como perverso, todo un grupo de individuos y sacrificado a la nerviosidad otro, formado por
aquellos sujetos que se esfuerzan en no ser perversos
debiéndolo ser por su constitución. No es ya difícil prever el resultado que habrá de obtenerse al restringir aún
más la libertad sexual prohibiendo toda actividad de
este orden fuera del matrimonio legítimo, como sucede
en el tercero de los grados de cultura antes supuestos.
El número de individuos fuertes que habrán de situarse
en franca rebeldía contra las exigencias culturales au-
mentará de un modo extraordinario, e igualmente el de
los débiles que en su conflicto entre la presión de las
influencias culturales y la resistencia de la constitución
se refugiarán en la enfermedad neurótica.

Surgen aquí tres interrogaciones:

1.ª Cuál es la labor que las exigencias del tercer grado de cultura plantean al individuo.

2.ª Si la satisfacción sexual legítima permitida consigue ofrecer una compensación aceptable de la renuncia exigida.

3.ª Cuál es la proporción entre los daños eventuales de tal renuncia y sus provechos culturales.

La respuesta a la primera cuestión roza un problema varias veces tratado ya y cuya discusión no es posible agotar aquí: el problema de la abstinencia sexual. Lo que nuestro tercer grado de cultura exige al individuo es, en ambos sexos, la abstinencia hasta el matrimonio o hasta el fin de la vida para aquellos que no lo contraigan. La afirmación, grata a todas las autoridades, de que la abstinencia sexual no trae consigo daño alguno ni es siquiera difícil de observar, ha sido sostenida también por muchos médicos. Pero no es arriesgado asegurar que la tarea de dominar por medios distintos de la satisfacción un impulso tan poderoso como el del instinto sexual es tan ardua que puede acaparar todas las energías del individuo. El dominio por medio de la sublimación, esto es, por la desviación de las fuerzas instintivas sexuales hacia fines culturales elevados, no es asequible sino a una limitada minoría, y aun a ésta sólo temporalmente y con máxima dificultad durante la fogosa época juvenil. La inmensa mayoría sucumbe a la neurosis o sufre otros distintos daños. La experiencia demuestra que la mayor parte de las personas que componen nuestra sociedad no poseen el temple constitucional necesario para la labor que plantea la observación de la abstinencia. Aquellos que hubieran enfermado dada una menor restricción sexual, enferman antes y más intensamente bajo las exigencias de nuestra moral sexual cultural contemporánea, pues contra la amenaza de la tendencia sexual normal por disposiciones defectuosas o trastornos del desarrollo, no conocemos garantía más segura que la misma satisfacción sexual. Cuanto mayor es la disposición de una persona a la neurosis, peor soporta la abstinencia, toda vez que los instintos parciales que se sustraen al desarrollo normal antes descrito se hacen, al mismo tiempo, tanto más incoercibles. Pero también aquellos sujetos que, bajo las exigencias del segundo grado de cultura, hubieran permanecido sanos sucumben aquí a la neurosis en gran número, pues la prohibición eleva considerablemente el valor psíquico de la satisfacción sexual. La libido estancada se hace apta para percibir alguno de los puntos débiles que jamás faltan en la estructura de una *vita sexualis* y se abre paso, por él, hasta la satisfacción sustitutiva neurótica, en forma de síntomas patológicos. Aprendiendo a penetrar en la condicionalidad de las enfermedades nerviosas se adquiere pronto la convicción de que su incremento en nuestra sociedad moderna procede del aumento de las restricciones sexuales.

Tócanos examinar ahora la cuestión de si el comercio sexual dentro del matrimonio legítimo· puede ofrecer una compensación total de la restricción sexual anterior al mismo. El material en que fundamentar una respuesta negativa se nos ofrece tan abundante, que sólo muy sintéticamente podremos exponerlo. Recordaremos, ante todo, que nuestra moral sexual cultural restringe también el comercio sexual aun dentro del matrimonio mismo, obligando a los cónyuges a satisfacerse con un número por lo general muy limitado de concepciones. Por esta circunstancia, no existe tampoco en el matrimonio un comercio sexual satisfactorio más que durante algunos años, de los cuales habrá que deducir, además, aquellos períodos en los que la mujer debe ser respetada por razones higiénicas. Al cabo de estos tres, cuatro o cinco años, el matrimonio falla por completo en cuanto ha prometido la satisfacción de las necesidades sexuales, pues todos los medios inventados hasta el día para evitar la concepción disminuyen el placer sexual, repugnan a la sensibilidad de los cónyuges o son directamente perjudiciales para la salud. El temor a las consecuencias del comercio sexual hace desaparecer primero la ternura física de los esposos, y más tarde, casi siempre, también la mutua inclinación psíquica destinada a recoger la herencia de la intensa pasión inicial. Bajo la desilusión anímica y la privación corporal, que es así el destino de la mayor parte de los matrimonios, se encuentran de nuevo transferidos los cónyuges al estado anterior a su enlace, pero con una ilusión menos y sujetos de nuevo a la tarea de dominar y desviar su instinto sexual. No hemos de entrar a investigar en qué medida lo logra el hombre llegado a plena madurez; la experiencia nos muestra que hace uso frecuente de la parte de libertad sexual que aun el más riguroso orden sexual le concede, si bien en secreto y a disgusto. La "doble" moral sexual existente para el hombre en nuestra sociedad es la mejor confesión de que la sociedad misma que ha promulgado los preceptos restrictivos no cree posible su observancia.

Por su parte, las mujeres que, en calidad de sustratos propiamente dichos de los intereses sexuales de los hombres, no poseen sino en muy escasa medida el don de la sublimación, y para las cuales sólo durante la lactancia pueden constituir los hijos una sustitución suficiente del objeto sexual, las mujeres, repetimos, llegan a contraer bajo el influjo de las desilusiones aportadas por la vida conyugal, graves neurosis, que perturban duraderamente su existencia. Bajo las actuales normas culturales, el matrimonio ha cesado de ser hace mucho tiempo el remedio general de todas las afecciones nerviosas de la mujer. Los médicos sabemos ya, por el contrario, que para "soportar" el matrimonio han de poseer las mujeres una gran salud, y tratamos de disuadir a nuestros clientes de contraerlo con jóvenes que ya de solteras han dado muestras de nerviosidad. Inversamente, el remedio de la nerviosidad originada por el matrimonio sería la infidelidad conyugal. Pero cuanto más severamente educada ha sido una mujer y más seriamente se ha sometido a las exigencias de la cultura, tanto más temor le inspira este recurso, y en su conflicto entre sus deseos y sus deberes busca un refugio en la neurosis. Nada protege tan seguramente su virtud como la enfermedad. El matrimonio, ofrecido como perspectiva consoladora al instinto sexual del hombre culto durante toda la juventud, no llega, pues, a constituir siquiera una solución durante su tiempo. No digamos ya a compensar la renuncia anterior.

Aun reconociendo estos perjuicios de la moral sexual cultural, se puede todavía responder a nuestra tercera interrogación alegando que las conquistas culturales consiguientes a tan severa restricción sexual compensan e incluso superan tales perjuicios individuales, que, en definitiva, sólo llegan a alcanzar cierta gravedad en una limitada minoría. Por mi parte, me declaro incapaz de establecer aquí un balance de pérdidas y ganancias. Sólo podría aportar aún numerosos datos para la valoración de las pérdidas. Volviendo al tema, antes iniciado, de la abstinencia, he de afirmar que la misma trae aún consigo otros perjuicios diferentes de las neurosis, las cuales integran, además, mucho mayor importancia de la que, en general, se les concede.

La demora del desarrollo y de la actividad sexuales, a la que aspiran nuestra educación y nuestra cultura, no trae consigo, en un principio, peligro alguno e incluso constituye una necesidad si tenemos en cuenta cuán tarde comienzan los jóvenes de nuestras clases ilustradas a

valérselas por sí mismos y a ganar su vida, circunstancia
en que se nos muestra, además, la íntima relación de
todas nuestras instituciones culturales y la dificultad
de modificar alguno de sus elementos sin atender a los
restantes. Pero, pasados los veinte años, la abstinencia
no está ya exenta de peligros para el hombre, y cuando no
conduce a la nerviosidad trae consigo otros distintos daños. Suele decirse que la lucha con el poderoso instinto
sexual y la necesaria acentuación en ella de todos los
poderes éticos y estéticos de la vida anímica "aceran"
el carácter. Esto es exacto para algunas naturalezas fa-
vorablemente organizadas. Asimismo, ha de concederse
que la diferenciación de los caracteres individuales, tan
acentuada hoy día, ha sido hecha posible por la restricción sexual. Pero en la inmensa mayoría de los casos, la
lucha contra la sensualidad agota las energías disponi-
bles del carácter, y ello en una época en la que el joven
precisa de todas sus fuerzas para conquistar su participación y su puesto en la sociedad. La relación entre la sublimación posible y la actividad sexual necesaria oscila,
naturalmente, mucho, según el individuo e incluso según
la profesión. Un artista abstinente es algo apenas posible. Por el contrario, no son nada raros los casos de abstinencia entre los jóvenes consagrados a una disciplina
científica. Estos últimos pueden extraer de la abstinencia
nuevas energías para el estudio. En cambio, el artista ha-
llará en la actividad sexual un excitante de la función crea-
dora. En general, tengo la impresión de que la abstinencia no contribuye a formar hombres de acción, enérgicos
e independientes, ni pensadores originales o valerosos
reformadores, sino más bien honradas medianías, que se
sumergen luego en la gran masa, acostumbrada a seguir, con cierta resistencia, los impulsos iniciados por
individuos enérgicos.

En los resultados de la lucha por la abstinencia se revela también la conducta voluntariosa y rebelde del instinto sexual. La educación cultural no tendería, quizá, sino a su coerción temporal hasta el matrimonio, con la intención de dejarlo luego libre para servirse de él. Pero contra el instinto tienen más éxito las medidas extremas que las contemporizaciones. La coerción va con frecuencia demasiado lejos, dando lugar a que, al llegar el momento de conceder libertad al instinto sexual, presente éste ya daños duraderos, resultado al que no se tendía, ciertamente. De aquí que la completa abstinencia durante la juventud no sea para el hombre la mejor preparación al matrimonio. Así lo sospechan las mujeres, y prefieren entre sus pretendientes aquellos que han demostrado ya con otras mujeres su masculinidad. Los perjuicios de la severa abstinencia exigida a las mujeres antes del matrimonio son especialmente evidentes. La educación no debe considerar nada fácil la labor de coartar la sensualidad de la joven hasta su matrimonio, pues recurre para ello a los medios más poderosos. No sólo prohibe el comercio sexual y ofrece elevadas primas a la conservación de la inocencia, sino que trata de evitar a las adolescentes toda tentación, manteniéndolas en la ignorancia del papel que les está reservado y no tolerándoles impulso amoroso alguno que no pueda conducir al matrimonio. El resultado es que las muchachas, cuando de pronto se ven autorizadas a enamorarse por las autoridades familiares, no llegan a poder realizar la función psíquica correspondiente y van al matrimonio sin la seguridad de sus propios sentimientos. A consecuencia de la demora artificial de la función erótica sólo desilusiones procuran al hombre que ha ahorrado para ellas todos sus deseos. Sus sentimientos anímicos permanecen aún ligados a sus padres, cuya autoridad creó en ellas la coerción sexual, y su conducta corporal adolece de frigidez, con lo cual queda el hombre privado de todo placer se-

xual intenso. Ignoro si el tipo de mujer anestésica existe
fuera de nuestras civilizaciones, aunque lo creo muy probable; pero lo cierto es que nuestra educación cultural
se esfuerza precisamente en cultivarlo, y estas mujeres
que conciben sin placer no se muestran muy dispuestas
a parir frecuentemente con dolor. Resulta así que la preparación al matrimonio no consigue sino hacer fracasar
los fines del mismo. Más tarde, cuando la mujer vence
ya la demora artificialmente impuesta a su desarrollo
sexual, llega a la cima de su existencia femenina y siente despertar en ella la plena capacidad de amar, se encuentra con que las relaciones conyugales se han enfria-
do hace ya tiempo, y, como premio a su docilidad
anterior, le queda la elección entre el deseo insatisfecho,
la infidelidad o la neurosis.

La conducta sexual de una persona constituye el "prototipo" de todas sus demás reacciones. A aquellos hombres que conquistan enérgicamente su objeto sexual les
suponemos análoga energía en la persecución de otros
fines. En cambio, aquellos que por atender a toda clase
de consideraciones renuncian a la satisfacción de sus poderosos instintos sexuales, serán, en los demás casos, más
conciliadores y resignados que activos. En las mujeres
puede comprobarse fácilmente un caso especial de este
principio de la condición prototípica de la vida sexual
con respecto al ejercicio de las demás funciones. La educación les prohibe toda elaboración intelectual de los
problemas sexuales, los cuales les inspiran siempre máxima curiosidad, y las atemoriza con la afirmación de
que tal curiosidad es poco femenina y denota una disposición viciosa. Esta intimidación coarta su actividad intelectual y rebaja en su ánimo el valor de todo conocimiento, pues la prohibición de pensar se extiende más
allá de la esfera sexual, en parte a consecuencia de relaciones inevitables y en parte automáticamente, proceso

análogo al que provocan los dogmas en el pensamiento
del hombre religioso o las ideas dinásticas en el de los
monárquicos incondicionales. No creo que la antítesis
biológica entre trabajo intelectual y actividad sexual ex-
plique la "debilidad mental fisiológica" de la mujer,
como pretende Moebius en su discutida obra. En cambio,
opino que la indudable inferioridad intelectual de tantas
mujeres ha de atribuirse a la coerción mental necesaria
para la coerción sexual.

Al tratar de la abstinencia no se suele distinguir suficientemente dos formas de la misma: la abstención de
toda actividad sexual en general y la abstención del comercio sexual con el sexo contrario. Muchas personas
que se vanaglorian de la abstinencia no la mantienen,
quizá, sino con el auxilio de la masturbación o de prácticas análogas relacionadas con las actividades sexuales
autoeróticas de la primera infancia. Pero precisamente
a causa de esta relación, tales medios sustitutivos de satisfacción sexual no son nada inofensivos, pues crean una
disposición a aquellas numerosas formas de neurosis y
psicosis que tienen por condición la regresión de la vida
sexual a sus formas infantiles. Tampoco la masturbación
corresponde a las exigencias ideales de la moral sexual
cultural y provoca en el ánimo de los jóvenes aquellos
mismos conflictos con el ideal educativo a los que inten-
taban sustraerse por medio de la abstinencia. Además,
pervierte el carácter en más de un sentido, haciéndole
adquirir hábitos perjudiciales, pues en primer lugar y
conforme a la *condición prototípica* de la sexualidad, le
acostumbra a alcanzar fines importantes sin esfuerzo alguno, por caminos fáciles y no mediante un intenso desarrollo de energía, y en segundo, eleva el objeto sexual,
en las fantasías concomitantes a la satisfacción, a perfec-
ciones difíciles de hallar luego en la realidad. De este
modo ha podido proclamar un ingenioso escritor (Karl

Kraus), invirtiendo los términos, que "el coito no es sino un subrogado insuficiente del onanismo".

La severidad de las normas culturales y la dificultad de observar la abstinencia han coadyuvado a concretar esta última en la abstención del coito con personas de sexo distinto y a favorecer otras prácticas sexuales, equivalentes, por decirlo así, a una semiobediencia. Dado que el comercio sexual normal es implacablemente perseguido por la moral —y también por la higiene, a causa de la posibilidad de contagio—, ha aumentado considerablemente en importancia social aquellas prácticas sexuales, entre individuos de sexo diferente, a las que se da el nombre de perversas y en las cuales es usurpada por otras partes del cuerpo la función de los genitales. Pero estas prácticas no pueden ser consideradas tan inocuas como otras análogas transgresiones cometidas en el comercio sexual; son condenables desde el punto de vista ético, puesto que convierten las relaciones eróticas entre dos seres, de algo muy fundamental, en un cómodo juego sin peligro ni participación anímica. Otra de las consecuencias de la restricción de la vida sexual normal ha sido el incremento de la satisfacción homosexual. A todos aquellos que ya son homosexuales por su organización o han pasado a serlo en la niñez viene a agregarse un gran número de individuos de edad adulta, cuya libido, viendo obstruido su curso principal, deriva por el canal secundario homosexual.

Todas estas secuelas inevitables e indeseadas de la abstinencia impuesta por nuestra civilización concluyen en una consecuencia común, consistente en trastornar fundamentalmente la preparación al matrimonio, el cual había de ser, no obstante, según la intención de la moral sexual cultural, el único heredero de las tendencias sesexuales. Todos aquellos hombres que a consecuencia de prácticas sexuales onanistas o perversas han enlazado su

libido a situaciones y condiciones distintas de las normales, desarrollan en el matrimonio una potencia disminuida. Igualmente, las mujeres que sólo mediante tales ayu-
das han conseguido conservar su virginidad muestran en
el matrimonio una anestesia total para el comercio sexual
normal. Estos matrimonios, en los que ambos cónyuges
adolecen ya, desde un principio, de una disminución de
sus facultades eróticas, sucumben mucho más rápidamente al proceso de disolución. A causa de la escasa potencia del hombre, la mujer queda insatisfecha y permanece anestésica aun en aquellos casos en que su disposición a la frigidez, obra de la educación, hubiera cedido
a la acción de intensas experiencias sexuales. Para tales
parejas resulta aún más difícil que para las sanas evitar
la concepción, pues la potencia disminuida del hombre
soporta mal el empleo de medidas preventivas. En esta
perplejidad, el comercio conyugal queda pronto interrumpido, como fuente de preocupaciones y molestias, y
abandonado así el fundamento de la vida matrimonial.

Todas las personas peritas en estas materias habrán
de reconocer que no exagero en modo alguno, sino que
me limito a describir hechos comprobables en todo momento. Para los no iniciados ha de resultar increíble lo
raro que es hallar en los matrimonios situados bajo el
imperio de nuestra moral sexual cultural una potencia
normal del marido, y lo frecuente, en cambio, de la frigidez de la mujer. No sospechan, ciertamente, cuántos
renunciamientos trae consigo, a veces para ambas partes,
el matrimonio, ni a lo que queda reducida la felicidad
de la vida conyugal, tan apasionadamente deseada. Ya
indicamos que en tales circunstancias el desenlace más
próximo es la enfermedad nerviosa. Describiremos ahora
en qué forma actúa tal matrimonio sobre el hijo único
o los pocos hijos de él nacidos. A primera vista nos parece encontrarnos, en estos casos, ante una transferencia

hereditaria, que, detenidamente examinada, resulta no ser sino el efecto de intensas impresiones infantiles. La mujer no satisfecha por su marido y, a consecuencia de ello, neurótica, hace objeto a sus hijos de una exagerada ternura, atormentada por constantes zozobras, pues concentra en ellos su necesidad de amor y despierta en ellos una prematura madurez sexual. Por otro lado, el desacuerdo reinante entre los padres excita la vida sentimental del niño y le hace experimentar, ya en la más tierna edad, amor, odio y celos. Luego, la severa educación, que no tolera actividad alguna a esta vida sexual tan tempranamente despertada, interviene como poder represor, y el conflicto surgido así en edad tan tierna del sujeto integra todos los factores precisos para la causación de una nerviosidad que ya no le abandonará en toda su vida.

Vuelvo ahora a mi afirmación anterior de que al juzgar las neurosis no se les concede, por lo general, toda su verdadera importancia. Al hablar así no me refiero a aquella equivocada apreciación de estos estados, que se manifiesta en un descuido absoluto por parte de los familiares del enfermo y en las seguridades, eventualmente dadas por los médicos, de que unas cuantas semanas de tratamiento hidroterápico o algunos meses de reposo conseguirán dar al traste con la enfermedad. Esta actitud no es adoptada hoy en día más que por gentes ignorantes, sean o no médicos, o tiende tan sólo a procurar al paciente un consuelo de corta duración. Por lo general, se sabe ya que una neurosis crónica, si bien no destruye por completo las facultades del enfermo, representa para él una pesada carga, tan pesada quizá como una tuberculosis o una enfermedad del corazón. Aún podríamos darnos en cierto modo por conformes si las neurosis se limitaran a excluir de la labor cultural a cierto número de individuos, de todos modos débiles, consintiendo participar en ella a los demás, a costa sólo de

algunas molestias subjetivas. Pero lo que sucede, y a
ello se refiere precisamente mi afirmación inicial, es que
la neurosis, sea cualquiera el individuo a quien ataque,
sabe hacer fracasar, en toda la amplitud de su radio
de acción, la intención cultural, ejecutando así la labor de las fuerzas anímicas enemigas de la cultura
y por ello reprimidas. De este modo, si la sociedad
paga con un incremento de la nerviosidad la docilidad
a sus preceptos restrictivos, no podrá hablarse de una
ventaja social obtenida mediante sacrificios individuales,
sino de un sacrificio totalmente inútil. Examinemos, por
ejemplo, el caso frecuentísimo de una mujer que no quiere a su marido porque las circunstancias que presidieron
su enlace y la experiencia de su ulterior vida conyugal
no le han aportado motivo alguno para quererle, pero
que desearía poder amarle, por ser esto lo único que
corresponde al ideal del matrimonio en el que fue educada. Sojuzgará, pues, todos los impulsos que tienden a
expresar la verdad y contradicen su ideal, y se esforzará
en representar el papel de esposa amante, tierna y cui-
dadosa. Consecuencia de esta autoimposición será la enfermedad neurótica, la cual tomará en breve plazo
completa venganza del esposo insatisfactorio, haciéndole
víctima de tantas molestias y preocupaciones como le hubiera causado la franca confesión de la verdad. Es éste
uno de los ejemplos más típicos de los rendimientos de
las neurosis. La represión de otros impulsos no directamente sexuales, enemigos de la cultura, va seguido de
un análogo fracaso de la compensación. Así, un individuo que sojuzgando violentamente su inclinación a la
dureza y la crueldad ha llegado a ser extremadamente
bondadoso, pierde en tal proceso, muchas veces, tan gran
parte de sus energías, que no llega a poner en obra
todo lo correspondiente a sus impulsos compensadores y

hace, en definitiva, menos bien del que hubiera hecho sin yugular sus tendencias constitucionales.

Agregamos aún que, al limitar la actividad sexual de un pueblo, se incrementa en general el temor a la vida y el miedo a la muerte, factores que perturban la capacidad individual de goce, suprimen la disposición individual a arrostrar la muerte por la consecución de un fin, disminuyen el deseo de engendrar descendencia y excluyen, en fin, al pueblo o al grupo de que se trate de toda participación en el porvenir. Ante estos resultados habremos de preguntarnos si nuestra moral sexual cultural vale la pena del sacrificio que nos impone, sobre todo si no nos hemos libertado aún suficientemente del hedonismo para no integrar en los fines de nuestra evolución cultural cierta dosis de felicidad individual. No es, ciertamente, labor del médico la de proponer reformas sociales; pero he creído poder apoyar su urgente necesidad ampliando la exposición hecha por Ehrenfels de los daños imputables a nuestra moral sexual cultural, con la indicación de su responsabilidad en el incremento de la nerviosidad moderna.

Año 1908

3. Fantasías histéricas y su relación con la bisexualidad

Los delirios de formas típicas y monótonas, en que los paranoicos vierten la grandeza y las cuitas del propio *yo*, son ya generalmente conocidos. Conocemos también por numerosas monografías, la singularísima y diversa *mise en scène* que ciertos perversos crean para la satisfacción —imaginativa o real— de sus tendencias sexuales. En cambio, constituirá para muchos una novedad oír que en todas las psiconeurosis, y muy especialmente en la histeria, emergen productos psíquicos análogos, y que estos productos —denominados fantasías histéricas— muestran importantes relaciones con la causación de los síntomas neuróticos.

Todas estas creaciones fantásticas tienen su fuente común y su prototipo normal en los llamados "sueños diurnos" de la juventud, estudiados ya por algunos autores, aunque todavía sin detenimiento suficiente[1]. Igualmente frecuentes, quizá, en ambos sexos, parecen ser siempre en la mujer de carácter erótico, y en el hombre de carácter erótico o ambicioso. No quiere esto decir que el factor erótico presente aquí en el hombre una menor importancia, pues un más detenido examen de los "sueños diurnos" masculinos nos revela que las hazañas en ellos fantaseadas obedecen tan sólo al deseo de gustar a una mujer y ser preferido por ella[2]. Estas fantasías son satisfacciones de deseos nacidos de una privación y un anhelo y llevan con razón el nombre de "sueños diurnos", pues nos proporcionan la clase de los sueños nocturnos en los cuales el nódulo de la producción del sueño aparece constituido, precisamente, por tales fantasías diurnas, complicadas, deformadas y mal interpretadas por la instancia psíquica consciente.

Estos sueños diurnos interesan vivamente al sujeto, que los cultiva con todo cariño y los encierra en el más pudoroso secreto, como si contasen entre los más íntimos bienes de su personalidad. Sin embargo, en la calle descubrimos fácilmente al individuo entregado a una de estas ensoñaciones, pues su actividad imaginativa transciende en una repentina sonrisa ausente, en un soliloquio o en un aceleramiento de la marcha, con el que delata haber llegado al punto culminante de la situación ensoñada. Todos los ataques histéricos que hasta hoy he podido investigar demostraron ser ensoñaciones de este orden, involuntariamente emergentes. La observación no deja, en efecto, duda alguna de que tales fantasías puedan ser tanto inconscientes como conscientes, y en cuanto estas últimas se hacen inconscientes, pueden devenir también patógenas; esto es, exteriorizarse en síntomas y ataques. En circunstancias favorables se hace aún posible a la conciencia apoderarse de una de estas fantasías inconscientes. Una de mis enfermas, a la que yo había llamado la atención sobre sus fantasías, me contó que en el curso de un paseo se había sorprendido llorando, y al reflexionar había logrado rápidamente aprisionar una fantasía, en la que entablaba relaciones amorosas con un popular pianista (al que no conocía personalmente), tenía con él un hijo (la sujeto no los tenía) y era luego abandonada con el niño, quedando reducida a la más extrema miseria. Al llegar a este punto su fantasía fue cuando se le saltaron las lágrimas.

Las fantasías inconscientes, o lo han sido siempre, habiendo tenido su origen en lo inconsciente, o, lo que es más frecuente, fueron un día fantasías conscientes, sueños diurnos, y han sido luego intencionadamente olvidadas, relegadas a lo inconsciente por la "represión". Su contenido puede entonces haber permanecido invariado o, por lo contrario, haber sufrido alteración, en cuyo caso la fantasía inconsciente ahora constituirá un derivado de la anterior consciente. Pero la fantasía inconsciente integra una importantísima relación con la vida sexual del individuo, pues es idéntica a la que el mismo empleó como base de la satisfacción sexual, en un período de masturbación. El acto masturbador (o en su más amplio sentido, onanista) se dividía por entonces en dos partes: la evocación de la fantasía, y, llegada ésta a su punto culminante, los manejos activos conducentes a la satisfacción sexual. Esta composición es más bien, como ya sabemos, una soldadura. En un principio, la acción presentaba un carácter puramente autoerótico apareciendo destinada a conseguir placer de una determinada zona erógena. Más tarde, esta acción se fusionó con una representación optativa perteneciente al círculo de la elección de objeto, y sirvió para dar en parte realidad a la situación en que tal fantasía culminaba. Cuando luego renuncia el individuo a este orden de satisfacción masturbatorio-fantástica, queda abandonada la acción; pero la fantasía pasa, de ser consciente, a ser inconsciente, y cuando la satisfacción sexual abandonada no es sustitui-

da por otra distinta, observando el sujeto una total abstinencia, pero sin que le sea posible sublimar su libido, o
sea, desviar su excitación sexual hacia fines más elevados;
cuando todo esto se une, quedan cumplidas las condiciones necesarias para que la fantasía inconsciente adquiera
nuevas fuerzas y consiga, con todo el poderío de la necesidad sexual, exteriorizarse, por lo menos en parte, bajo
la forma de un síntoma patológico.

Las fantasías inconscientes son, de este modo, las premisas psíquicas más inmediatas de toda una serie de
síntomas histéricos. Estos no son sino tales mismas fantasías inconscientes exteriorizadas mediante la "conversión", y en cuanto son de carácter somático demuestran
en muchas ocasiones haber sido elegidos entre aquellas
mismas sensaciones sexuales e inervaciones motoras que
en un principio acompañaron a la fantasía de que se
trate, consciente aún por entonces. De este modo queda, en realidad, anulado el abandono del onanismo y
alcanzado, aunque nunca por completo, sí por aproximación, el último fin de todo el proceso patológico, o
sea, el establecimiento de la satisfacción sexual antes
primaria.

Al estudiar la histeria, nuestro interés se transfiere
pronto desde los síntomas a las fantasías de las cuales
surgen aquéllos. La técnica psicoanalítica permite descubrir primero, partiendo de los síntomas, las fantasías
inconscientes y hacerlas luego conscientes en el enfermo.
Siguiendo este camino, hemos hallado que por lo menos
el contenido de las fantasías inconscientes corresponde
por completo a las situaciones de satisfacción sexual
conscientemente creadas por los perversos. Si precisa-
mos ejemplos de este orden, no tenemos más que recordar las invenciones de los césares romanos, de una
extravagancia sólo limitada por el desenfrenado poderío de la fantasía morbosa. Los delirios de los para-

noicos no son sino fantasías de este género pero que se
ian hecho inmediatamente conscientes. Aparecen basadas en los componentes sádicomasoquistas del instinto
sexual y tienen también su pareja en ciertas fantasías
inconscientes de los histéricos. También es conocido el
caso —muy importante desde el punto de vista práctico— en·que el histérico no exterioriza sus fantasías en
forma de síntomas, sino en una realización consciente,
fingiendo atentados, maltratos y agresiones sexuales.

Por este camino de la investigación psicoanalítica, que
conduce desde los síntomas manifiestos a las fantasías
inconscientes ocultas, descubrimos todo lo que es posible
averiguar sobre la sexualidad de los psiconeuróticos y,
entre ello, el hecho que constituye el tema principal del
presente trabajo.

A causa, probablemente, de las dificultades que se
oponen a las fantasías inconscientes en su tendencia a
lograr una exteriorización, la relación entre tales fantasías y los síntomas no es nada simple, sino muy complicada [3].

Por lo regular, dado un pleno desarrollo de la neurosis, un síntoma no corresponde a una única fantasía
inconsciente, sino a varias; pero no de un modo arbitrario, sino conforme a ciertas normas de composición.
Al comienzo de la enfermedad no aparecerán aún desarrolladas todas estas complicaciones.

En obsequio del interés general, romperé aquí la
cohesión de este trabajo para interpretar una serie de
fórmulas encaminadas a agotar progresivamente la esencia de los síntomas histéricos. Estas fórmulas no se contradicen unas a otras, sino que corresponden, en parte, a
definiciones más completas y penetrantes, y en parte,
a la aplicación de puntos de vista distintos:

1) El síntoma histérico es el símbolo mnémico de
ciertas impresiones y experiencias eficaces (traumáticas).

2) El síntoma histérico es la sustitución, creada por "conversión", para el retorno asociativo de estas experiencias traumáticas.

3) El síntoma histérico es —como también otros productos psíquicos— la expresión de una realización de deseos.

4) El síntoma histérico es la "realización" de una fantasía inconsciente puesta al servicio del cumplimiento de deseos.

5) El síntoma histérico sirve para la satisfacción sexual y representa una parte de la vida sexual de la persona (correlativamente, uno de los componentes de su instinto sexual).

6) El síntoma histérico corresponde al retorno de una forma de satisfacción sexual realmente utilizada en la vida infantil y reprimida después.

7) El síntoma histérico nace como transacción entre dos movimientos afectivos o instintivos contrarios, uno de los cuales tiende a la exteriorización de un instinto parcial o de un componente de la constitución sexual, y el otro, a evitar tal exteriorización.

8) El síntoma histérico puede tomar la representación de distintos movimientos inconscientes asexuales, pero no puede carecer de una significación sexual.

De estas diversas fórmulas es la séptima la que más completamente expresa la esencia del síntoma histérico como realización de una fantasía inconsciente, atendiendo debidamente, con la octava, a la significación del factor sexual. Varias de las fórmulas anteriores se hallan contenidas, como premisas, en esta obra.

A consecuencia de esta relación entre los síntomas y las fantasías, no nos es difícil llegar, por medio del psicoanálisis de los síntomas, al conocimiento de los componentes del instinto sexual dominante en el individuo, tal y como ya lo hicimos en nuestros *Tres ensayos*

sobre una teoría sexual. Pero esta investigación da, en
algunos casos, un resultado inesperado. Muestra, en efecto, que para la solución del síntoma no basta su referencia a una fantasía sexual inconsciente o a una serie
de fantasías, una de las cuales, la más importante y
primitiva, es de naturaleza sexual, sino que para dicha
solución nos son precisas dos fantasías sexuales, de carácter masculino una y femenino la otra, de manera
que una de ellas corresponde a un impulso homosexual.
Esta novedad no altera en modo alguno el principio
integrado en nuestra séptima fórmula, resultando así que
un síntoma histérico corresponde necesariamente a una
transacción entre un impulso libidinoso y otro represor;
pero puede también corresponder, accesoriamente, a una
asociación de dos fantasías libidinosas de carácter sexual
contrario.

No me es posible exponer, dentro de los límites del
presente trabajo, ejemplo alguno de este proceso. La
experiencia me ha enseñado que un breve extracto de un
análisis no puede jamás producir la impresión probato-
ria que con su exposición nos proponemos, y la exposición completa de un análisis requeriría mayor espacio del
que nos está concedido.

Me limitaré, pues, a formular un nuevo principio y
a explicar luego su significación.

9) Un síntoma histérico es expresión, por un lado,
de una fantasía masculina, y por otro, de otra femenina, ambas sexuales e inconscientes.

He de hacer constar que no puedo atribuir a este
principio la misma validez general que a los demás. Por
lo que hasta ahora he podido observar, no se confirma
en todos los casos, ni tampoco en todos los síntomas de
un caso. Por lo contrario, no es difícil hallar casos en
los cuales los impulsos de opuesto sentido sexual se manifiestan en síntomas distintos, de manera que los sín-

tomas de la heterosexualidad y los de la homosexualidad
pueden ser tan precisamente discriminados como las
fantasías ocultas detrás de ellos. Pero la relación afirma-
da en la novena fórmula es lo suficientemente frecuente,
y cuando se da, lo bastante importante para merecer
especial atención. Me parece constituir el mayor grado
de complicación que puede alcanzar la determinación
de un síntoma histérico y, por tanto, no debemos esperar encontrarlo sino en neurosis ya prolongadas y muy
organizadas [4].

Esta significación bisexual de los síntomas histéricos,
comprobable de todos modos en numeros casos, es una
prueba más de mi afirmación anterior de que en los
psicoanálisis de sujetos psiconeuróticos se transparenta
con especial claridad la supuesta bisexualidad original
del individuo. El masturbador que en sus fantasías conscientes procura infundirse tanto en el hombre como en
la mujer de la situación fantaseada, nos ofrece el ejemplo
de un proceso totalmente análogo y perteneciente al
mismo sector. Por último, también conocemos ciertos
ataques histéricos en los que la enferma representa, simultáneamente, los papeles de los dos protagonistas de
la fantasía sexual subyacente. Así, en un caso observado
por mí, la enferma sujetaba con una mano sus vestidos
contra su cuerpo (como la mujer objeto de una agresión
sexual) y con la otra mano intentaba despojarse de ellos
(como el hombre agresor). A esta simultaneidad contra-
dictoria se debe en gran parte la dificultad de reconocer
la situación representada en el ataque, resultando así
muy adecuada para encubrir la fantasía inconsciente en
él exteriorizada.

En el tratamiento psicoanalítico es muy importante
hallarse preparado a tropezar con esta significación bisexual de un síntoma. De este modo, no podrá extrañarnos ni desconcertarnos que un síntoma continúe mani-

festándose y presentando igual intensidad aun después de haber descubierto una de sus significaciones sexuales. En estos casos pensaremos que se apoya todavía en la significación sexual contraria.

En el curso del tratamiento podemos asimismo observar cómo durante el análisis de una de las significaciones sexuales aprovecha el enfermo la facilidad de poder escapar constantemente con sus asociaciones espontáneas al campo de la significación contraria, como a una vía paralela.

Año 1908

Entre las personas a las que intentamos prestar ayuda por medio de los métodos psicoanalíticos hallamos con bastante frecuencia un tipo que se distingue por la coincidencia de ciertas cualidades de carácter y en el que atraen, nuestra atención determinadas singularidades, cuyas funciones somáticas y los órganos en ella participantes, tuvieron que presentase durante la infancia. No puedo ya indicar con exactitud cuáles fueron las ocasiones que me movieron a sospechar una relación orgánica entre aquellas cualidades del carácter y estas singularidades de ciertos órganos, pero sí puedo asegurar que en la emergencia de tal sospecha no participó prejuicio alguno teórico. Posteriormente, la acumulación de impresiones análogas ha robustecido en mí de tal modo la creencia en dicha relación, que hoy me aventuro ya a comunicarla.

Las personas que me propongo describir atraen nuestra atención por presentar regularmente asociadas tres cualidades: son *cuidadosos, económicos* y *tenaces*. Cada una de estas palabras sintetiza, en realidad, un pequeño grupo de rasgos característicos afines. La cualidad de "cuidadoso" comprende tanto la pulcritud individual como la escrupulosidad en el cumplimiento de deberes corrientes y la garantía personal; lo contrario de "cuidadoso" sería, en este sentido, descuidado o desordenado. La economía puede aparecer intensificada hasta la avaricia, y la tenacidad convertirse en obstinación, enlazándose a ella fácilmente una tendencia a la cólera e inclinaciones vengativas. Las dos últimas condiciones mencionadas, la economía y la tenacidad, aparecen más estrechamente enlazadas entre sí que con la primera. Son también la parte más constante del complejo total. De todos modos me parece indudable que las tres se enlazan de algún modo entre sí.

Investigando la temprana infancia de estas personas averiguamos fácilmente que necesitaron un plazo relativamente amplio para llegar a dominar la *incontinentia alvi* infantil, y que todavía en años posteriores de su infancia tuvieron que lamentar algunos fracasos aislados de esta función. Parecen haber pertenecido a aquellos niños de pecho que se niegan a defecar en el orinal porque el acto de la defecación les produce, accesoriamente, un placer, pues confiesan que en años algo posteriores les gustaba retener la deposición, y recuerdan, aunque refiriéndolos por lo general a sus hermanos y no a sí propios, toda clase de manejos indecorosos con el producto de la deposición. De estos signos deducimos una franca acentuación erógena de la zona anal en la constitución sexual congénita de tales personas. Pero como una vez pasada la infancia no se descubre ya en ellas resto alguno de tales debilidades y singularidades, hemos de suponer que la zona anal ha perdido su significación erótica en el curso de la evolución, y sospechamos que la constancia de aquella tríada de cualidades observable en su carácter puede ser relacionada con la desaparición del erotismo anal.

Sé muy bien que nadie se aventura a aceptar la existencia de un estado de cosas mientras el mismo le resulte incomprensible y no ofrece acceso alguno a una explicación. Pero algunas de las hipótesis desarrolladas por mí en *Tres ensayos sobre una teoría sexual* pueden aproximarnos, por lo menos, a la comprensión de la parte fundamental de nuestro tema. En el citado estudio intento mostrar que el instinto sexual humano es algo muy compuesto, que nace de las aportaciones de numerosos componentes e instintos parciales. Los estímulos periféricos de ciertas partes del cuerpo (los genitales, la boca, el ano, el extremo del conducto uretral) a las que damos el nombre de zonas erógenas, rinden aportaciones esenciales a la "excitación sexual". Pero no todas las magnitudes de excitación procedentes de estas zonas reciben el mismo destino ni lo reciben tampoco igual en todos los períodos de la vida del individuo. En general, sólo una parte de ellas es aportada a la vida sexual. Otra parte es desviada de los fines sexuales y orientada hacia otros fines distintos, proceso al que damos el nombre de "sublimación". Hacia aquel período de la vida individual que designamos con el nombre de "período de latencia", o sea desde los cinco años a las primeras manifestaciones de la pubertad (hacia los once años), son creados en la vida anímica, a costa, precisamente, de estas excitaciones aportadas por las zonas erógenas, productos de reacción o, por decirlo así, anticuerpos, tales como el pudor, la repugnancia y la moral, que se oponen en calidad de diques a la ulterior actividad de los instintos sexuales. Dado que el erotismo anal pertenece a aquellos componentes del instinto que en el curso de la evolución y en el sentido de nuestra actual educación cultural resultan inutilizables para fines sexuales, no parece muy aventurado reconocer en las cualidades que tan frecuentemente muestran reunidos los individuos cuya infancia presentó una especial intensidad de este instinto parcial —el cuidado, la economía y la tenacidad— los resultados más directos y constantes de la sublimación del erotismo anal.

Tampoco a nosotros se nos ha hecho transparente la necesidad interior de esta relación, pero sí podemos aducir algo que puede aproximarnos a su comprensión. La pulcritud, el orden y la escrupulosidad hacen la impresión de ser productos de la reacción contra el interés hacia lo sucio, perturbador y no perteneciente a nuestro cuerpo. (*Dirt is matter in the wrong place.*) La labor de relacionar la tenacidad con el interés por la defecación parece harto difícil; pero podemos recordar que ya el niño de pecho puede conducirse según su voluntad propia en lo que respecta a la defecación, y que la educación se sirve, en general, de la aplicación de dolorosos estímulos sobre la región vecina a la zona erógena anal para doblegar la obstinación del niño e inspirarle docilidad. Como expresión de terco desafío se emplea aún entre nuestras clases populares una frase en la que el sujeto invita a su interlocutor a besarle el trasero, o sea, en realidad, a una caricia de las que sucumbieron a la represión. El gesto de volver la espalda al adversario y mostrarle el trasero desnudo es también un acto de desafío y desprecio, correspondiente a aquella frase. En el *Götz von Berlichingen* goethiano aparecen exactamente empleados como expresión de desafío el gesto y la frase descritos.

Entre los complejos del amor al dinero y la defecación, aparentemente tan dispares, descubrimos, sin embargo, múltiples relaciones. Todo médico que ha prac-

ticado el psicoanálisis sabe que por medio de esta corre-
lación se logra la desaparición del más rebelde estreñi-
miento habitual de los enfermos nerviosos. El asombro
que esto puede provocar quedará mitigado al recordar
que dicha función se demostró también análogamente
dócil al influjo de la sugestión hipnótica. Pero en el
psicoanálisis no alcanzamos este resultado más que to-
cando el complejo crematístico de los pacientes y atra-
yéndolo, con todas sus relaciones, a la conciencia de los
mismos. Realmente en todos aquellos casos en los que
dominan o perduran las formas arcaicas del pensamiento, en las civilizaciones antiguas, los mitos, las fábulas, la
superstición, el pensamiento inconsciente, el sueño y la
neurosis, aparece el dinero estrechamente relacionado
con la inmundicia. El oro que el diablo regala a sus
protegidos se transforma luego en estiércol. Y el diablo
no es, ciertamente, sino la personificación de la vida instintiva reprimida inconscientemente [1]. La superstición que
relaciona el descubrimiento de tesoros ocultos con la defecación, y la figura folklórica del *cagaducados,* son
generalmente conocidas. Ya en las antiguas leyendas
babilónicas es el oro el estiércol del infierno: "Mammon = ilu mamman" [2]. Así, pues, cuando la neurosis
sigue los usos del lenguaje, lo hace tomando las palabras
en su sentido primitivo, rico en significaciones, y cuando
parece representar plásticamente una palabra, restablece regularmente sólo su antiguo sentido.

Es muy posible que la antítesis entre lo más valioso
que el hombre ha conocido y lo más despreciable, la
escoria que arroja de sí, sea lo que haya conducido a esta
identificación del oro con la inmundicia.

En el pensamiento de la neurosis coadyuva aún, quizá,
a tal identificación otra circunstancia. Como ya sabemos,
el interés primitivamente erótico, dedicado a la defecación, se halla destinado a desaparecer en años ulteriores.

En estos años surge como nuevo interés, inexistente en la infancia, el inspirado por el dinero, y esta circunstancia facilita el que la tendencia anterior, a punto de perder su fin, se transfiera al nuevo fin emergente.

Si las relaciones aquí afirmadas entre el erotismo anal y la indicada tríada de condiciones de carácter poseen alguna base real, no esperaremos hallar una especial acentuación del "carácter anal" en aquellos adultos en los que perdura el carácter erógeno de la zona anal; por ejemplo, en determinados homosexuales. Si no me equivoco mucho, las observaciones hasta ahora realizadas no contradicen esta conclusión.

Ante los resultados expuestos habremos de reflexionar si también otros complejos del carácter dejarán transparentar su derivación de las excitaciones de determinadas zonas erógenas. Hasta el día, sólo he podido reconocer la "ardiente" ambición de los individuos que en su infancia padecieron de enuresis. De todos modos, podemos establecer para la constitución definitiva del carácter, producto de los instintos consecutivos, la siguiente fórmula: los rasgos permanentes del carácter son continuaciones invariadas de los instintos primitivos, sublimaciones de los mismos o reacciones contra ellos.

Año 1908

1

Al someter al psicoanálisis a una histérica cuya enfermedad se exterioriza en ataques, llegamos fácilmente a la convicción de que tales ataques no son sino fantasías, traducidas en actos motores, proyectadas sobre la motilidad y mímicamente representadas. Estas fantasías son, desde luego, inconscientes; pero, fuera de esto, de naturaleza idéntica a aquellas que podemos aprehender inmediatamente en los ensueños diurnos o desentrañar por medio de la interpretación analítica en los sueños propiamente dichos. Un sueño sustituye muchas veces a un ataque o, más frecuentemente aún, lo explica, presentando una distinta manifestación de la misma fantasía representada en el ataque. Pudiera así esperarse que la observación del ataque revelara la fantasía en él representada, pero es muy raro que así suceda. Por lo general, la representación mímica de la fantasía ha sufrido bajo la influencia de la censura deformaciones análogas a la alucinatoria del sueño, ocultándose así tanto a la conciencia del sujeto como a la comprensión del observador.

El ataque histérico requiere, por tanto, una elaboración interpretadora, como la que emprendemos con los sueños. Pero tanto los fines a que tiende esta deformación como los poderes que la imponen y la técnica que desarrolla son los mismos que hemos conocido en la interpretación onírica.

1) El ataque se hace incomprensible por representar simultáneamente con un mismo material varias fantasías, o sea por *condensación*. Los elementos comunes de las distintas fantasías forman, como en el sueño, el nódulo de la representación. Las fantasías así encubiertas son frecuentemente de muy distinto género; por ejemplo, un deseo reciente y la reviviscencia de una impresión infantil; las mismas inervaciones sirven entonces a ambas intenciones, con frecuencia en forma habilísima. Aquellos histéricos que hacen un amplio uso de la condensación llegan a tener suficiente con una única forma de ataque. Otros, en cambio, expresan una multiplicidad de fantasías patógenas por una multiplicación correlativa de las formas del ataque.

2) El ataque se hace ininteligible por encargarse el enfermo de desarrollar las actividades de las dos personas emergentes en la fantasía, o sea por *identificación múltiple*. Recuérdese, por ejemplo, el caso citado en nuestro anterior ensayo sobre las fantasías histéricas y su relación con la bisexualidad; caso en el cual la enferma trataba de desnudarse con una mano (como hombre) y sujetaba sus vestidos con la otra (como mujer).

3) *La inversión antagónica de las inervaciones*, proceso análogo a la transformación de un elemento en su contrario, habitual en la elaboración de los sueños, pro-

duce también máxima deformación. Así, el sujeto representará en sus ataques el acto de abrazar extendiendo sus brazos convulsivamente hacia atrás, hasta anudar sus manos sobre la columna vertebral. El conocido "arco de círculo" del gran ataque histérico no es, probablemente, sino tal negación por inervación antagónica de una posición apropiada al comercio sexual.

4) Por último, también coadyuva a desorientar al observador la *inversión del orden temporal* de la fantasía representada; proceso comprobable también en algunos sueños, que comienzan con el final de la acción para terminar por su principio. Ejemplo: una histérica fantasea la siguiente escena de seducción: está sentada en un parque, leyendo, y su falda un poco levantada, deja ver el pie, pequeño y bien formado. Un caballero se acerca a ella, entabla conversación y se trasladan a otro lugar, donde se entregan a tiernos transportes. Al representar la sujeto en el ataque esta fantasía comienza por una fase de convulsiones correspondientes al coito, y a continuación se levanta, se traslada a otro cuarto, se sienta, se pone a leer y responde luego a un interlocutor imaginario.

Las dos deformaciones últimamente descritas nos dejan entrever la intensidad de las resistencias que aún se oponen a lo reprimido en su emergencia en el ataque histérico.

2

La emergencia de los ataques histéricos sigue normas fácilmente comprensibles. Dado que el complejo reprimido está formado por una carga de libido y un contenido ideológico (fantasía), el ataque puede ser provocado como sigue: 1.º *Asociativamente,* cuando el contenido del complejo (suficientemente cargado) es aludido por un suceso de la vida consciente. *2.º Orgánicamente,* cuando, por causas internas somáticas y por algún influjo psíquico externo, sobrepasa la carga de libido determinado nivel. *3.º* En servicio de la *tendencia primaria,* como expresión del "refugio en la enfermedad", cuando la realidad se hace penosa o temible, o sea como *consuelo;* y *4.º* En servicio de las *tendencias secundarias,* con las que se ha aliado la enfermedad, en cuanto la producción del ataque facilita el logro de un fin conveniente al enfermo. En este último caso en ciertos individuos, el ataque da la impresión de una simulación consciente; puede prefijarse el momento de su aparición e incluso aplazarse su emergencia.

3

La investigación de la infancia de los histéricos muestra que el ataque histérico está destinado a constituir la sustitución de una satisfacción autoerótica, habitual en dicha época de su vida y abandonada después. En muchos casos esta satisfacción (masturbación manual o por presión de los muslos, movimientos de la lengua, etc.) retorna en el ataque mismo sin que el sujeto tenga conciencia de ello. La emergencia del ataque por incremento de la libido y en servicio de la tendencia primaria como consuelo repite también exactamente las condiciones en las cuales era intencionadamente buscada en su tiempo por el sujeto la citada satisfacción autoerótica. La anamnesia del enfermo descubre los estadios siguientes: *a)* Satisfacción autoerótica, no acompañada de representación alguna. *b)* Satisfacción autoerótica, unida a una fantasía que se desenlaza con el acto satisfaciente. *c)* Renuncia a la acción, manteniendo la fantasía. *d)* Represión de esta fantasía, la cual se impone luego, intacta o modificada, y adaptada a nuevas impresiones de la vida, en el ataque histérico, provocando eventualmente el retorno del acto satisfaciente, antes ligado a ella, y al que parecía haber renunciado ya el sujeto. Un ciclo típico de actividad sexual infantil —represión—, fracaso de la represión y retorno de lo reprimido.

La incontinencia de orina en el momento del ataque no es inconciliable con el diagnóstico de una histeria, pues no hace sino repetir la forma infantil de la polución. No es tampoco raro encontrar, en casos indudables de histeria, la mordedura de la lengua. Este acto, tan compatible con la histeria como con los juegos eróticos, surge sobre todo en los ataques cuando el médico ha llamado la atención del enfermo sobre las dificultades del diagnóstico diferencial. Por último, aquellos ataques en los que el enfermo atenta contra su propia integridad personal (más frecuentes en sujetos masculinos) son los que reproducen un accidente de la vida infantil del sujeto (por ejemplo, el resultado de una pelea).

La pérdida de conciencia, la "ausencia" del ataque histérico, proviene de aquella pérdida de conciencia fugaz, pero innegable, concomitante al grado máximo de toda satisfacción sexual intensa (incluso de la autoerótica). En las ausencias histéricas concomitantes al orgasmo en algunas mujeres jóvenes es donde más claramente puede comprobarse este proceso. Los llamados estados hipnoides, o sea las ausencias durante la ensoñación, tan frecuentes entre los histéricos, descubren igual origen, pero su mecanismo es relativamente más sencillo. En un principio queda concentrada toda la atención del sujeto sobre el curso del proceso satisfaciente, y al culminar la satisfacción, toda esta carga de atención se resuelve de repente, produciéndose un momentáneo vacío en la conciencia. Esta laguna fisiológica de la conciencia es ampliada entonces en favor de la represión, hasta que puede acoger todo lo que la instancia represora rechaza de sí.

4

El mecanismo reflejo del coito, pronto a desarrollarse en todo sujeto, masculino o femenino, es el que muestra en el ataque histérico a la libido reprimida el camino conducente a la descarga motora. Ya los antiguos decían que el coito era una "pequeña epilepsia". Nosotros podemos modificar este aserto diciendo que el ataque convulsivo histérico es un equivalente al coito. La analogía con el ataque epiléptico nos es de menos auxilio, puesto que la génesis del mismo nos es aún más desconocida que la del ataque histérico.

En definitiva, el ataque histérico, como la histeria en general, restablece en la mujer una parte de actividad sexual que ya hubo de existir en ella durante los años infantiles, dejando vislumbrar por entonces un carácter estrictamente masculino. Puede observarse con frecuencia que precisamente aquellas muchachas que hasta los años inmediatos a la pubertad mostraron naturaleza e inclinaciones algo masculinas comienzan a enfermar de histeria a partir de la pubertad. En toda una serie de casos, la neurosis histérica no corresponde sino a una intensidad excesiva de aquel típico impulso represivo que, suprimiendo la sexualidad masculina, hace surgir la mujer.

Año 1909

1. Sobre un tipo especial de la elección de objeto en el hombre

Hasta ahora hemos abandonado a los poetas la descripción de las "condiciones eróticas" conforme a las cuales realizan los hombres su elección de objeto, e igualmente la de la forma en que llegan a armonizar con la realidad las exigencias de su fantasía. Los poetas reúnen, en efecto, ciertas condiciones que les capacitan para tal labor, poseyendo sobre todo sensibilidad para percibir los movimientos anímicos secretos de los demás y valor para dejar hablar en voz alta a su propio inconsciente. Pero, desde el punto de vista del conocimiento, el valor de sus descripciones queda muy disminuido por determinada circunstancia. El poeta se encuentra ligado a la condición de provocar un placer estético e intelectual, a más de ciertos efectos sentimentales, y, en consecuencia, no puede presentar la realidad tal y como se le ofrece, sino que se ve obligado a aislar algunos de sus fragmentos, a excluir de la totalidad los elementos indeseables, a introducir otros que completan el conjunto y a mitigar y suavizar las asperezas del mismo. Son éstos privilegios de la llamada "libertad poética". Pero, además, el poeta no puede dedicar sino muy escaso interés al origen y a la evolución de estados anímicos, que describe ya plenamente constituidos. Resulta, pues, inevitable que la ciencia entre también a manejar —con mano más torpe y menor consecución de placer— aquellas mismas materias cuya elaboración poética viene complaciendo a los hombres desde hace milenios enteros. Todas estas observaciones habrán de justificar nuestra tentativa de someter también a una elaboración estrictamente científica la vida erótica humana. La ciencia constituye, precisamente, la más completa liberación del placer de que es capaz nuestra actividad psíquica.

*

Los tratamientos psicoanalíticos nos ofrecen frecuente ocasión de acopiar datos sobre la vida erótica de los enfermos neuróticos, y durante esta labor recordamos que también en los individuos sanos de tipo medio, e incluso en personalidades sobresalientes, hemos observado o averiguado una conducta análoga. La acumulación de tales datos permite luego diferenciar más precisamente tipos aislados. Uno de estos tipos de la elección masculina de objeto amoroso merece ser descrito en primer término por serle característica toda una serie de "condiciones eróticas", cuya coincidencia, singularmente incomprensible a primera vista, queda fácilmente explicada en el análisis.

1. La primera de tales condiciones eróticas es de carácter específico; su descubrimiento presupone la exis-

tencia de los demás caracteres de este tipo. Es la que
pudiéramos llamar condición del "perjuicio del tercero",
y consiste en que el sujeto no elegirá jamás como objeto
amoroso a una mujer que se halle aún libre; esto es, a
una muchacha soltera o a una mujer independiente de
todo lazo amoroso. Su elección recaerá, por el contrario,
invariablemente, en alguna mujer sobre la cual pueda ya
hacer valer un derecho de propiedad otro hombre; marido, novio o amante. Esta condición muestra a veces tal
inflexibilidad que una mujer indiferente al sujeto, o hasta
despreciada por él mientras permaneció libre, pasa a constituirse en objeto de su amor en cuanto entabla relaciones
amorosas con otro hombre.

2. La segunda condición es quizá menos constante,
pero no menos singular. El tipo cuya descripción nos
proponemos surge de su coincidencia con la primera;
coincidencia que no es, desde luego, obligada, pues dicha
primera condición aparece también aislada en muchos
casos. Esta segunda condición consiste en que la mujer
casta e intachable no ejerce nunca sobre el sujeto aquella
atracción que podría constituirla en objeto amoroso, quedando reservado tal privilegio a aquellas otras sexual-
mente sospechosas, cuya pureza y fidelidad pueden po-
nerse en duda. Dentro de este carácter cabe toda una
serie de matices, desde la casada ligeramente asequible
al *flirt* hasta la cocota francamente entregada a la poli-
gamia; pero el sujeto de nuestro tipo no renunciará
jamás en su elección a algo de este orden. Exagerando
un poco, podemos llamar a esta condición la del "amor
a la prostituta".

La condición primera facilita la satisfacción de impulsos agonales y hostiles contra el hombre a quien se roba
la mujer amada. La segunda, que exige la liviandad de
la mujer, provoca los *celos,* que parecen constituir una
necesidad para los amantes de este tipo. Sólo cuando

pueden arder en celos alcanza su amor máxima intensidad y adquiere para ellos la mujer su pleno valor, por lo cual no dejarán nunca de aprovechar toda posible ocasión de vivir tan intensas sensaciones. Mas, para mayor singularidad, no es el poseedor legal de la mujer amada quien provoca sus celos, sino otras distintas personas, cuyo trato con el objeto de su amor pueda inspirarles alguna sospecha. En los casos extremos, el sujeto no muestra ningún deseo de ser el único dueño de la mujer y parece encontrarse muy a gusto en el *ménage à trois*. Uno de mis pacientes, a quien las infidelidades de su dama habían hecho sufrir lo indecible, no opuso objeción alguna a su matrimonio, e incluso coadyuvó a él con la mejor voluntad, no mostrando luego en muchos años celos ningunos del marido. Otro de los casos típicos por mí observados se mostró muy celoso del marido e incluso obligó a su amante a cesar todo comercio sexual con el mismo, en su primer enamoramiento de este orden; pero luego, en otras numerosas pasiones análogas, se comportó ya como los demás sujetos de este tipo, no viendo en el esposo legítimo estorbo alguno.

Los apartados que siguen no se refieren ya a las condiciones exigidas al objeto erótico, sino a la conducta del amante para con él mismo.

3. En la vida erótica normal, el valor de la mujer es determinado por su integridad sexual y disminuye en razón directa de su acercamiento a la prostitución. Parece, pues, una singular anormalidad que los amantes de este tipo consideren como *objetos eróticos valiosísimos* precisamente a aquellas mujeres cuya conducta sexual es, por lo menos, dudosa. En sus relaciones con mujeres de este orden ponen nuestros sujetos todas sus energías psíquicas, desinteresándose por completo de cuanto no se refiere a su amor. Son, para ellos, las únicas mujeres a quienes se puede amar, y en cada una de sus pasiones

de esta clase se juran observar una absoluta fidelidad al objeto amado, aunque luego no cumplan tan apasionado propósito. Estos caracteres de las relaciones amorosas descritas muestran claramente impreso un carácter obsesivo, *propio* por lo demás en cierto grado de todo enamoramiento. Pero de la fidelidad e intensidad de uno de estos enamoramientos no debe deducirse que llene la vida entera del sujeto o constituya en ella un caso único. Por lo contrario, en la vida de los individuos pertenecientes a este tipo se repiten tales enamoramientos con idénticas singularidades. Los objetos eróticos pueden llegar incluso a constituir *una larga serie*, sustituyéndose unos a otros conforme a circunstancias exteriores; por ejemplo, los cambios de residencia y de medio.

4. Uno de los caracteres más singulares de este tipo de amante es su tendencia a *salvar* a la mujer elegida. El sujeto tiene la convicción de ser necesario a su amada, que sin él perdería todo apoyo moral y descendería rápidamente a un nivel lamentable. La salva, pues, no abandonándola, pase lo que pase. La intención redentora puede hallarse justificada algunas veces por la ligereza sexual de la mujer y por la amenaza que pesa sobre su posición social; pero surge igualmente y con idéntica intensidad en aquellos casos en los que no se dan tales circunstancias reales. Uno de los individuos de este tipo, que sabía conquistar a sus damas con perfectas artes de seducción e ingeniosa dialéctica, no retrocedía luego ante ningún esfuerzo para conservar a sus amantes en el camino de la "virtud", escribiendo para ellas originales tratados de moral.

Si abarcamos ahora en una ojeada los distintos elementos del cuadro descrito, o sea, las condiciones de falta de libertad y ligereza sexual de la amada, su alta valoración, la necesidad de sentir celos, la fidelidad, compatible, no obstante, con la sustitución de un objeto por

otro en una larga serie, y, por último, la intención re
dentora, no supondremos probable que todos estos
caracteres tengan su origen en una sola fuente. Y, sin
embargo, la investigación psicoanalítica de la vida de
estos sujetos no tarda en descubrirnos tal fuente común.
Su elección de objeto, tan singularmente determinada, y
su extraña conducta amorosa tienen el mismo origen
psíquico que la vida erótica del individuo normal. Se
derivan de la fijación infantil del cariño a la persona de
la madre y constituyen uno de los desenlaces de tal
fijación. La vida erótica normal no muestra ya sino muy
pocos rasgos que delaten el carácter prototípico de dicha
fijación para la ulterior elección del objeto; por ejemplo, la predilección de los jóvenes por las mujeres maduras. En estos casos, la libido del sujeto se ha desligado
relativamente pronto de la madre. Por el contrario, en
nuestro tipo, la libido ha continuado aún ligada a la
madre después de la pubertad, y durante tanto tiempo
que los caracteres maternos permanecen impresos en los
objetos eróticos ulteriormente elegidos, los cuales resultan así subrogados maternos fácilmente reconocibles. Se
nos impone aquí la comparación con la estructura cra-
neana del recién nacido, en la que se nos ofrece un
vaciado de la pelvis materna.

Habremos de probar ahora que los rasgos característicos de nuestro tipo, tanto en lo que se refiere a las
condiciones de su elección de objeto como a su conducta
amorosa, proceden realmente de la constelación materna.
Nada más fácil en cuanto a la primera condición, la de
la dependencia previa de la mujer o del "tercero perjudicado". Es evidente que para el niño criado en familia
la pertenencia de la madre al padre constituye un atri-
buto esencial de la figura materna. Así, pues, el tercero
"perjudicado" no es sino el padre mismo. Tampoco resulta difícil integrar en la constelación materna la exa-

gerada valoración que lleva al sujeto a considerar único
e insustituible el objeto de cada uno de sus amoríos;
nadie ha tenido más de una madre, y nuestra relación
con ella se basa en un hecho indubitable y que no puede
repetirse.

Si los objetos eróticos elegidos por nuestro tipo han
de ser, ante todo, subrogados de la figura materna, nos
explicaremos asimismo su repetida sustitución en serie;
tan incompatible, al parecer, con el firme propósito de
fidelidad, característico de estos sujetos. El psicoanálisis
nos enseña también en casos de distinto orden, que aquellos elementos que actúan en lo inconsciente como algo
insustituible suelen exteriorizar su actividad provocando
la formación de series inacabables, puesto que ninguno
de los subrogados proporciona la satisfacción anhelada.
Así, el insaciable preguntar de los niños en una edad
determinada depende de una sola interrogación, que no
se atreven a formular, y la inagotable verbosidad de
ciertos neuróticos es producto del peso de un secreto
que quiere surgir a la luz, pero que ellos no revelan, a
pesar de todas las tentaciones.

En cambio, la segunda condición, esto es, la de la liviandad del objeto elegido, no parece poder derivarse
del complejo materno. El pensamiento consciente del
adulto ve en la madre una personalidad de intachable
pureza moral, y nada hay tan ofensivo cuando llega del
exterior, o tan doloroso cuando surge en la conciencia
íntima, como una duda sobre esta cualidad de la madre.
Pero precisamente la decidida antítesis entre la "madre"
y la "prostituta" ha de estimularnos a investigar la
evolución y la relación inconsciente de estos dos complejos, pues sabemos ya de antiguo que en lo inconsciente suelen confundirse en uno solo elementos que la
conciencia nos ofrece antitéticamente disociados. Tal investigación nos conduce al período en que el niño llega

ya a cierto conocimiento de la naturaleza de las relaciones
sexuales de los adultos; período que situamos en los
años inmediatamente anteriores a la pubertad. Revelaciones brutales, de franca tendencia depresiva y rebelde,
inician al infantil sujeto en el secreto de la vida sexual,
destruyendo la autoridad de los adultos, incompatible con
el descubrimiento de su vida sexual. Lo que más impresio-
na al niño es la aplicación de tales revelaciones a la vida
de sus propios padres. Así, no es raro verle rechazar
indignado tal posibilidad, diciendo a su iniciador: "Es
posible que tus padres y otras personas hagan eso; pero
los míos, no."

Como corolario casi regular de la "ilustración sexual"
averigua el niño al mismo tiempo la existencia de ciertas mujeres que realizan profesionalmente el acto sexual,
siendo por ello generalmente despreciadas. Al principio
no comparte tal desprecio, y lo que experimenta es una
mezcla de atracción y de horror al darse cuenta de que
también a él pueden iniciarle tales mujeres en la vida sexual, que suponía privilegio exclusivo de los "mayores".
Cuando más tarde no puede ya mantener aquella primera duda que excluía a sus padres de las bajas normas de
la actividad sexual, llega a decirse, con lógico cinismo,
que la diferencia entre la madre y la prostituta no es, en
último término, tan grande, puesto que ambas realizan
el mismo acto. Las revelaciones sexuales han despertado
en él las huellas mnémicas de sus impresiones y deseos
infantiles más tempranos, reanimando consiguientemente
determinados impulsos psíquicos. Comienza, pues, a de-
sear a la madre, en el nuevo sentido descubierto, y a
odiar de nuevo al padre, como a un rival que estorba el
cumplimiento de tal deseo. En nuestra terminología de-
cimos que el sujeto queda dominado por el complejo
de Edipo. El hecho de que la madre haya otorgado al
padre el favor sexual le parece constituir algo como una

imperdonable infidelidad. Cuando estos impulsos no se desvanecen rápidamente, su único desenlace posible es el de agotarse en fantasías que giran alrededor de la actividad sexual de la madre, y la tensión provocada por tales fantasías induce al sujeto a buscar su descarga en el onanismo. A causa de la constante actuación conjunta de los dos motivos impulsores, el deseo y la venganza, predominan las fantasías cuyo argumento es la infidelidad conyugal de la madre. El amante con quien la madre comete tales infidelidades presenta casi siempre los rasgos de la propia personalidad, pero idealizada y situada en la edad del padre rival. Bajo el nombre común de "novela familiar" hemos visto en otro lugar [1] los múltiples productos de esta actividad imaginativa y su entretejimiento con diversos intereses egoístas de este período de la vida individual. Ahora bien: una vez conocido este fragmento del desarrollo anímico, no puede parecernos ya contradictorio e incomprensible que la liviandad exigida del objeto, como requisito de su elección se derive también directamente del complejo materno. El tipo de hombre al que nos venimos refiriendo se nos hace ahora comprensible como un resultado de la fijación del sujeto a las fantasías de su pubertad, las cuales logran hallar más tarde un acceso a la vida real. No creemos aventurado suponer que el onanismo practicado durante los años de la pubertad contribuye también considerablemente a la fijación de tales fantasías.

La tendencia a "redimir" a la mujer querida no parece enlazarse sino de un modo muy indirecto y superficial, de carácter consciente, con las citadas fantasías, que han llegado a conquistar el dominio de la vida erótica real. La inconsciencia y la infidelidad de la mujer amada la exponen a graves peligros, y es comprensible que el amante se esfuerce en preservarla de ellos guardando su virtud y oponiéndose a sus malas inclinaciones. Sin emp 77 pépita

Dargo, el estudio de los recuerdos encubridores, las fantasías y los sueños nos descubren también en este caso una acabada "racionalización" de un motivo inconsciente, equiparable a la esmerada elaboración secundaria de un sueño. En realidad, el "motivo de la redención" posee significación e historia propias y es una ramificación independiente del complejo materno o, más exactamente, del complejo parental. Cuando el niño oye decir que *debe* su vida a sus padres o que su madre *le ha dado la vida,* surgen en él impulsos cariñosos unidos a otros antagónicos de afirmación personal independiente, impulsos que dan origen al deseo de corresponder a sus padres con un don análogo, pagando así la deuda con ellos contraída. Sucede como si el sujeto se dijera, movido por un sentimiento de rebeldía: "No necesito nada de mi padre y quiero devolverle todo lo que le he costado." Bajo el dominio de estos sentimientos, construye entonces la fantasía de *salvar a su padre de un peligro de muerte,* quedando así en paz con él, fantasía que suele desplazarse luego sobre la figura del emperador, el rey u otra elevada personalidad, quedando así capacitada para hacerse consciente e incluso para ser utilizada en la creación poética. Cuando la fantasía de salvación es aplicada al padre predomina francamente su sentido rebelde de independencia personal. En cambio, cuando se refiere a la madre toma, las más de las veces, su sentido cariñoso. La madre ha dado la vida al niño y no es fácil corresponder a este don singular con otro equivalente. Mas por medio de un ligero cambio de sentido, fácil en lo inconsciente y comparable a la difusión consciente de los conceptos, la salvación de la madre adquiere el sentido de regalarla o hacerle un niño; naturalmente, un niño en todo semejante al sujeto. Este cambio de sentido no es nada arbitrario, y el significado de la nueva modalidad de la fantasía de salvación no se aleja de su primitivo sentido tanto como a primera vista pudiera parecer. La madre le ha dado a uno una vida, la propia, y uno corresponde a este don dándole a ella otra vida, la de un niño en todo semejante a uno. El hijo muestra su agradecimiento deseando tener de su madre un hijo igual a él, lo que equivale a identificarse totalmente con el padre en la fantasía de la salvación. Este deseo del sujeto *de ser su propio padre* satisface todos sus instintos: los cariñosos, los de gratitud, los sensuales y los rebeldes. Tampoco el factor constituido por el "peligro" que justifica la salvación queda perdido en el cambio de sentido: el nacimiento mismo es el suceso peligroso en el cual es salvado el niño por los esfuerzos de la madre. El nacimiento, primer peligro de muerte para el individuo, se constituye en prototipo de todos los peligros ulteriores que nos producen miedo, siendo probablemente este suceso el que nos lega la expresión de aquel afecto al que damos el nombre de miedo o angustia. El Macduff de la leyenda escocesa, que no había nacido, habiendo sido arrancado del seno de su madre, no conocía por ello el miedo.

Artemidoro, el antiguo onirocrítico, estaba en lo cierto al afirmar que el sueño cambiaba de sentido según quien lo soñara. Conforme a las leyes que rigen la expresión de las ideas inconscientes, la "salvación" puede variar de significado según sea fantaseada por un hombre o por una mujer. Puede significar tanto engendrar un hijo (en el hombre) como parir un hijo (en la mujer).

Estos diversos significados de la "salvación" en los sueños y las fantasías se hacen más transparentes en aquellos procesos de este orden en los que interviene como elemento el agua. Cuando un hombre salva en sueños a una mujer de las aguas quiere ello decir que la hace madre, lo cual equivale, según las observaciones precedentes, hacerla *su* madre. Cuando una mujer salva

a un niño de igual peligro confiesa con ello, como la
hija del Faraón en la leyenda de Moisés[2], ser su madre.

En ocasiones, la fantasía de la "salvación", referida al
padre, entraña también un sentido cariñoso. Quiere entonces expresar el deseo de tener al padre por hijo; esto
es, de tener un hijo que se asemeje al padre. Así, pues,
si la tendencia a salvar a la mujer amada constituye un
rasgo esencial del tipo erótico aquí descrito, es precisamente a causa de las relaciones indicadas con el complejo parental.

No creo necesario justificar el método seguido en el
presente estudio y consistente —como en el dedicado al
erotismo anal— en destacar primero del material de
observación tipos extremos y precisamente delimitados.
En ambos sectores es mucho mayor el número de individuos que sólo muestran algunos rasgos aislados del
tipo descrito o los muestran mucho más desdibujados.
Naturalmente, sólo la exposición del conjunto total en
el que aparecen integrados tales tipos hace posible su
exacto estudio.

2.   Sobre una degradación general de la vida erótica

1

Si preguntamos a un psicoanalítico cuál es la enfermedad para cuyo remedio se acude a él más frecuentemente, nos indicará —previa excepción de las múltiples
formas de la angustia— la impotencia psíquica. Esta
singular perturbación ataca a individuos de naturaleza
intensamente libidinosa y se manifiesta en que los órganos ejecutivos de la sexualidad rehúsan su colaboración
al acto sexual, no obstante aparecer antes y después perfectamente intactos y a pesar de existir en el sujeto una

intensa inclinación psíquica a realizar dicho acto. El primer dato para la comprensión de su estado lo obtiene el paciente al observar que el fallo no se produce sino con una persona determinada y nunca con otras. Descubre así que la inhibición de su potencia viril depende de alguna cualidad del objeto sexual, y a veces indica haber advertido en su interior un obstáculo, una especie de voluntad contraria, que se oponía con éxito a su intención consciente. Pero no le es posible adivinar en qué consiste tal obstáculo interno ni qué cualidad del objeto sexual es la que lo provoca. En esta perplejidad acaba por atribuir el primer fallo a una impresión "casual" y deduce erróneamente que su repetición se debe a la acción inhibitoria del recuerdo de dicho primer fallo, constituido en representación angustiosa.

Sobre este tema de la impotencia psíquica existen ya varios estudios psicoanalíticos de diversos autores [3]. Todo analítico puede confirmar por propia experiencia médica las explicaciones en ellos ofrecidas. Se trata realmente de la acción inhibitoria de ciertos complejos psíquicos que se sustraen al conocimiento del individuo, material patógeno cuyo contenido más frecuente es la fijación incestuosa, no dominada, en la madre o la hermana. Fuera de estos complejos habrá de concederse atención a la influencia de las impresiones penosas accidentales experimentadas por el sujeto en conexión con su actividad sexual infantil y con todos aquellos factores susceptibles de disminuir la libido que ha de ser orientada hacia el objeto sexual femenino [4].

Al someter un caso de franca impotencia psíquica a un penetrante estudio psicoanalítico obtenemos sobre los procesos psicosexuales que en él se desarrollan los siguientes datos: el fundamento de la enfermedad es de nuevo, como muy probablemente en todas las perturbaciones neuróticas, una inhibición del proceso evolutivo

que conduce a la libido hasta su estructura definitiva y
normal. En el caso que nos ocupa no han llegado a fun-
dirse las dos corrientes cuya confluencia asegura una
conducta erótica plenamente normal: la corriente "cariñosa" y la corriente "sensual".

De estas dos corrientes es la cariñosa la más antigua.
Procede de los más tempranos años infantiles, se ha
constituido tomando como base los intereses del instinto
de conservación y se orienta hacia los familiares y los
guardadores del niño. Integra desde un principio ciertas
aportaciones de los instintos sexuales, determinados componentes eróticos más o menos visibles durante la infancia misma y comprobables siempre por medio del psicoanálisis en los individuos ulteriormente neuróticos.
Corresponde a la *elección de objeto primario infantil*.
Vemos por ella que los instintos sexuales encuentran
sus primeros objetos guiándose por las valoraciones de
los instintos del *yo*, del mismo modo que las primeras
satisfacciones sexuales son experimentadas por el individuo en el ejercicio de las funciones somáticas necesarias para la conservación de la vida. El "cariño" de los
padres y guardadores, que raras veces oculta por completo su carácter erótico ("el niño, juguete erótico"),
contribuye a acrecentar en el niño las aportaciones a las
cargas psíquicas de los instintos del *yo*, intensificándolas
en una medida susceptible de influir el curso ulterior de
la evolución, sobre todo cuando concurren otras determinadas circunstancias.

Estas fijaciones cariñosas del niño perduran a través
de toda la infancia y continúan incorporándose considerables magnitudes de erotismo, el cual queda desviado
así de sus fines sexuales. Con la pubertad sobreviene
luego la poderosa corriente "sensual", que no ignora ya
sus fines. Al parecer, no deja nunca de recorrer los caminos anteriores, acumulando sobre los objetos de la elec-

ción primaria infantil magnitudes de libido mucho más amplias. Pero al tropezar aquí con el obstáculo que supone la barrera moral contra el incesto, erigida en el intervalo, tenderá a transferirse lo antes posible de dichos objetos primarios a otros, ajenos al círculo familiar del sujeto, con los cuales sea posible una vida sexual real. Estos nuevos objetos son elegidos, sin embargo, conforme al prototipo (la imagen) de los infantiles, pero con el tiempo atraen a sí todo el cariño ligado a los primitivos. El hombre abandonará a su padre y a su madre —según el precepto bíblico— para seguir a su esposa, fundiéndose entonces el cariño y la sensualidad. El máximo grado de enamoramiento sensual traerá consigo la máxima valoración psíquica. (La supervaloración normal del objeto sexual por parte del hombre.)

Dos distintos factores pueden provocar el fracaso de esta evolución progresiva de la libido. En primer lugar, el grado de *interdicción real* que se oponga a la nueva elección de objeto, apartando de ella al individuo. No tendrá, en efecto, sentido alguno decidirse a una elección de objeto cuando no es posible elegir o no cabe elegir nada satisfactorio. En segundo, el grado de *atracción* ejercido por los objetos infantiles que de abandonar se trata, grado directamente proporcional a la carga erótica de que fueron investidos en la infancia. Cuando estos factores muestran energía suficiente, entra en acción el mecanismo general de la producción de las neurosis. La libido se aparta de la realidad, es acogida por la fantasía (introversión), intensifica las imágenes de los primeros objetos sexuales y se fija en ellos. Pero el obstáculo opuesto al incesto obliga a la libido orientada hacia tales objetos a permanecer en lo inconsciente. El onanismo, en el que se exterioriza la actividad de la corriente sensual, inconsciente ahora, contribuye a intensificar las indicadas fijaciones. El hecho de que el progreso evolutivo de la libido, fracasado en la realidad, quede instaurado en la fantasía mediante la sustitución de los objetos sexuales primitivos por otros ajenos al sujeto en las situaciones imaginativas conducentes a la satisfacción onanista, no modifica en nada el estado de cosas. La sustitución permite el acceso de tales fantasías a la conciencia, pero no trae consigo proceso alguno en los destinos de la libido.

Puede suceder así que toda la sensualidad de un joven quede ligada en lo inconsciente a objetos incestuosos o, dicho en otros términos, fijada en fantasías incestuosas inconscientes. El resultado es entonces una impotencia absoluta, que en ocasiones puede quedar reforzada por una debilitación real, simultáneamente adquirida, de los órganos genitales.

La impotencia psíquica propiamente dicha exige premisas menos marcadas. La corriente sensual no ha de verse obligada a ocultarse en su totalidad detrás de la cariñosa, sino que ha de conservar energía y libertad suficientes para conquistar en parte el acceso a la realidad. Pero la actividad sexual de tales personas presenta claros signos de no hallarse sustentada por toda su plena energía instintiva psíquica, mostrándose caprichosa, fácil de perturbar, incorrecta, muchas veces, en la ejecución y poco placentera. Pero, sobre todo, se ve obligada a eludir toda aproximación a la corriente cariñosa, lo que supone una considerable limitación de la elección de objeto. La corriente sensual, permanecida activa, buscará tan sólo objetos que no despierten el recuerdo de los incestuosos prohibidos, y la impresión producida al sujeto por aquellas mujeres cuyas cualidades podrían inspirarle una valoración psíquica elevada no se resuelve en él en excitación sensual, sino en cariño eróticamente ineficaz. La vida erótica de estos individuos permanece disociada en dos direcciones, personificadas por el arte en el amor divino y el amor terreno (o animal). Si aman a una mujer, no la desean, y si la desean, no pueden amarla. Buscan objetos a los que no necesitan amar para mantener alejada su sensualidad de los objetos amados, y conforme a las leyes de la "sensibilidad del complejo" y del "retorno de lo reprimido", son víctimas del fallo singular de la impotencia psíquica en cuanto que el objeto elegido para eludir el incesto les recuerde en algún rasgo, a veces insignificante, el objeto que de eludir se trata.

Contra esta perturbación los individuos que padecen la disociación erótica descrita se acogen principalmente a la *degradación* psíquica del objeto sexual, reservando para el objeto incestuoso y sus subrogados la supervaloración que normalmente corresponde al objeto sexual. Dada tal *degradación* del objeto, su sensualidad puede ya exteriorizarse libremente, desarrollar un importante rendimiento y alcanzar intenso placer. A este resultado contribuye aún otra circunstancia. Aquellas personas en quienes las corrientes cariñosa y sensual no han confluido debidamente, viven, por lo general, una vida sexual poco refinada. Perduran en ellas fines sexuales perversos, cuyo incumplimiento es percibido como una sensible disminución de placer, pero que sólo parece posible alcanzar con un objeto sexual rebajado e inestimado.

Descubrimos ya los motivos de las fantasías descritas en el apartado anterior, en las cuales el adolescente rebaja a su madre al nivel de la prostituta. Tales fantasías tienden a construir, por lo menos en la imaginación, un puente sobre el abismo que separa las dos corrientes eróticas, y degradando a la madre, ganarla para objeto de la sensualidad.

2

Hemos desarrollado hasta aquí una investigación medico-psicológica de la impotencia psíquica, ajena en apariencia al título del presente estudio. Pronto se verá, sin embargo, que tal introducción nos era necesaria para llegar a nuestro verdadero tema.

Hemos reducido la impotencia psíquica a la no confluencia de las corrientes cariñosa y sensual en la vida erótica y hemos atribuido esta perturbación de la evolución normal de la libido al influjo de intensas fijaciones infantiles y al obstáculo opuesto luego, en realidad, a la corriente sensual por la barrera erigida contra el incesto en el período intermedio. Contra esta teoría cabe una importante objeción: nos da demasiado; nos explica por qué ciertas personas padecen impotencia psíquica, pero nos lleva a extrañar que alguien pueda escapar a tal dolencia. En efecto, puesto que los factores señalados —la intensa fijación infantil, la barrera erigida contra el incesto y la prohibición opuesta al instinto sexual en los años inmediatos a la pubertad— son comunes a todos los hombres pertenecientes a cierto nivel cultural, sería de esperar que la impotencia psíquica fuese una enfermedad general de nuestra sociedad civilizada y no se limitase a casos individuales.

Podríamos inclinarnos a eludir tal conclusión acogiéndonos al factor cuantitativo de la causación de la enfermedad, o sea a aquella mayor o menor magnitud de las aportaciones de los distintos factores etiológicos, de la cual depende que se constituya o no un estado patológico manifiesto. Mas, aunque nada nos parece oponerse a esta conducta, no habremos de seguirla para rechazar la conclusión indicada. Por el contrario, queremos sentar la afirmación de que la impotencia psíquica se halla mucho más difundida de lo que se supone, apareciendo caracterizada por una cierta medida de esta perturbación la vida erótica del hombre civilizado.

Si damos al concepto de la impotencia psíquica un sentido más amplio, no limitándolo a la imposibilidad de llevar a cabo el acto sexual, no obstante la perfecta normalidad de los órganos genitales y la intención consciente de complacerse en él, habremos de incluir también entre los individuos aquejados de tal enfermedad a aquellos sujetos a los que designamos con el nombre de psicoanestésicos, los cuales pueden realizar el coito sin dificultad alguna, pero no hallan en él especial placer, hecho bastante más frecuente de lo que pudiera creerse. La investigación psicoanalítica de estos casos tropieza con los mismos factores etiológicos descubiertos en la impotencia psíquica estrictamente considerada, pero no nos procura en un principio explicación alguna de las diferencias sintomáticas. Una analogía fácilmente justificable enlaza estos casos de anestesia masculina a los de frigidez femenina, infinitamente frecuentes, siendo el mejor camino para describir y explicar la conducta erótica de tales mujeres su comparación con la impotencia psíquica del hombre, mucho más ruidosa [5].

Prescindiendo de tal extensión del concepto de la impotencia psíquica, y atendiendo tan sólo a las gradaciones de su sintomatología, no podemos eludir la impresión de que la conducta erótica del hombre civilizado presenta generalmente, hoy en día, el sello de la impotencia psíquica. Sólo en una limitada minoría aparecen debidamente confundidas las corrientes cariñosa y sexual. El hombre siente coartada casi siempre su actividad sexual por el respeto a la mujer, y sólo desarrolla su plena potencia con objetos sexuales degradados, circunstancia a la que coadyuva el hecho de integrar en sus fines sexuales componentes perversos, que no se atreve a satisfacer en la mujer estimada. Sólo experimenta, pues, un

pleno goce sexual cuando puede entregarse sin escrúpulo
a la satisfacción, cosa que no se permitirá, por ejemplo,
con la mujer propia. De aquí su necesidad de un objeto
sexual rebajado, de una mujer éticamente inferior, en la
que no pueda suponer repugnancias estéticas y que ni
conozca las demás circunstancias de su vida, ni pueda
juzgarle. A tal mujer dedicará entonces sus energías
sexuales, aunque su cariño pertenezca a otra de tipo más
elevado. Esta necesidad de un objeto sexual degradado,
al cual se enlace fisiológicamente la posibilidad de una
completa satisfacción, explica la frecuencia con que los
individuos pertenecientes a las más altas clases sociales
buscan sus amantes, y a veces sus esposas, en clases inferiores.

No creo aventurado hacer también responsable de esta
conducta erótica, tan frecuente entre los hombres de
nuestras sociedades civilizadas, a los dos factores etiológicos de la impotencia psíquica propiamente dicha: la
intensa fijación incestuosa infantil y la prohibición real
opuesta al instinto sexual en la adolescencia. Aunque
parezca desagradable y, además, paradójico, ha de afirmarse que para poder ser verdaderamente libre, y con
ello verdaderamente feliz, en la vida erótica, es preciso
haber vencido el respeto a la mujer y el horror a la
idea del incesto con la madre o la hermana. Aquellos
que ante esta exigencia procedan a una seria introspec-
ción descubrirán que, en el fondo, consideran el acto
sexual como algo degradante, cuya acción impurificadora
no se limita sólo al cuerpo. El origen de esta valoración,
que sólo a disgusto reconocerán, habrán de buscarlo en
aquella época de su juventud en la que su corriente sensual, intensamente desarrollada ya, encontraba prohibida
toda satisfacción, tanto en los objetos incestuosos como
en los extraños.

También las mujeres aparecen sometidas en nuestro

mundo civilizado a consecuencias análogas, emanadas de
su educación, y, además, a las resultantes de la conducta
del hombre. Para ellas es, naturalmente, tan desfavorable que el hombre no desarrolle a su lado toda su potencia como que la supervaloración inicial del enamoramiento quede sustituida por el desprecio después de la
posesión. Lo que no parece existir en la mujer es la
necesidad de rebajar el objeto sexual, circunstancia en-
lazada, seguramente, al hecho de no darse tampoco en ella
nada semejante a la supervaloración masculina. Pero su
largo apartamiento de la sexualidad y el confinamiento
de la sensualidad de la fantasía tienen para ella otra
importante consecuencia. En muchos casos no le es ya
posible disociar las ideas de actividad sensual y prohibición, resultando así psíquicamente impotente, o sea frígida, cuando por fin le es permitida tal actividad. De
aquí la tendencia de muchas mujeres a mantener secretas
durante algún tiempo relaciones perfectamente lícitas, y
para otras la posibilidad de sentir normalmente en cuanto la prohibición vuelve a quedar establecida, por ejemplo, en unas relaciones ilícitas. Infieles al marido, pueden
consagrar al amante una fidelidad de segundo orden.

A mi juicio, este requisito de la prohibición, que aparece en la vida erótica femenina, puede equipararse a la
necesidad de un objeto sexual degradado en el hombre.
Ambos factores son consecuencia del largo intervalo
exigido por la educación, con fines culturales, entre la
maduración y la actividad sexual, y tienden igualmente
a desvanecer la impotencia psíquica resultante de la no
confluencia de las corrientes cariñosa y sensorial. El hecho de que las mismas causas produzcan en el hombre
y en la mujer efectos tan distintos depende quizá de otra
divergencia comprobable en su conducta sexual. La mujer no suele infringir la prohibición opuesta a la actividad
sexual durante el período de espera, quedando así esta-

blecido en ella el íntimo enlace entre las ideas de prohibición y sexualidad. En cambio, el hombre infringe generalmente tal precepto, a condición de rebajar el valor
del objeto, y acoge, en consecuencia, esta condición en su
vida sexual ulterior.

Ante la intensa corriente de opinión que propugna
actualmente la necesidad de una reforma de la vida sexual, no será quizá inútil recordar que la investigación
psicoanalítica no sigue tendencia alguna. Su único fin es
descubrir los factores que se ocultan detrás de los fenómenos manifiestos. Verá con agrado que las reformas que
se intenten utilicen sus descubrimientos para sustituir
lo perjudicial por lo provechoso. Pero no puede asegurar que tales reformas no hayan de imponer a otras
instituciones sacrificios distintos y quizá más graves.

3

El hecho de que el enfrenamiento cultural de la
vida erótica traiga consigo una degradación general de
los objetos sexuales nos mueve a transferir nuestra atención, desde tales objetos, a los instintos mismos. El daño
de la prohibición inicial del goce sexual se manifiesta en
que su ulterior permisión en el matrimonio no proporciona ya plena satisfacción. Pero tampoco una libertad
sexual ilimitada desde un principio procura mejores resultados. No es difícil comprobar que la necesidad erótica pierde considerable valor psíquico en cuanto se le
hace fácil y cómoda la satisfacción. Para que la libido
alcance un alto grado es necesario oponerle un obstáculo,
y siempre que las resistencias naturales opuestas a la
satisfacción han resultado insuficientes, han creado los
hombres otras, convencionales, para que el amor constituyera verdaderamente un goce. Esto puede decirse tanto
de los individuos como de los pueblos. En épocas en las
que la satisfacción erótica no tropezaba con dificultades

(por ejemplo, durante la decadencia de la civilización antigua), el amor perdió todo su valor, la vida quedó vacía y se hicieron necesarias enérgicas reacciones para restablecer los valores afectivos indispensables. En este sentido puede afirmarse que la corriente ascética del cristianismo creó para el amor valoraciones psíquicas que la antigüedad pagana no había podido ofrendarle jamás. Esta valoración alcanzó su máximo nivel en los monjes ascéticos, cuya vida no era sino una continua lucha contra la tentación libidinosa.

En un principio nos inclinamos, desde luego, a atribuir las dificultades aquí emergentes a cualidades generales de nuestros instintos orgánicos. Es también exacto, en general, que la importancia psíquica de un instinto crece con su prohibición. Si sometemos, por ejemplo, al tormento del hambre a cierto número de individuos muy diferentes entre sí, veremos que las diferencias individuales irán borrándose con el incremento de la imperiosa necesidad, siendo sustituidas por las manifestaciones uniformes del instinto insatisfecho. Ahora bien. ¿puede igualmente afirmarse que la satisfacción de un instinto disminuya siempre tan considerablemente su valor psíquico? Pensemos, por ejemplo, en la relación entre el bebedor y el vino. El vino procura siempre al bebedor la misma satisfacción tóxica, tantas veces comparada por los poetas a la satisfacción erótica y comparable realmente a ella, aun desde el punto de vista científico. Nunca se ha dicho que el bebedor se vea precisado a cambiar constantemente de bebida, porque cada una de ellas pierda, una vez gustada, su atractivo. Por el contrario, el hábito estrecha cada vez más apretadamente el lazo que une al bebedor con la clase de vino preferida. Tampoco sabemos que el bebedor sienta la necesidad de emigrar a un país en que el vino sea más caro o esté prohibido su consumo, para reanimar con tales incitantes el valor de su gastada satisfacción. Nada de esto sucede. Las confesiones de nuestros grandes alcohólicos, de Boecklin, por ejemplo, sobre su relación con el vino[6], delatan una perfecta armonía, que podría servir de modelo a muchos matrimonios. ¿Por qué ha de ser, entonces, tan distinta la relación entre el amante y su objeto sexual?

A mi juicio, y por extraño que parezca, habremos de sospechar que en la naturaleza misma del instinto sexual existe algo desfavorable a la emergencia de una plena satisfacción. En la evolución de este instinto, larga y complicada, destacan dos factores a los que pudiera hacerse responsables de tal dificultad. En primer lugar, a consecuencia del desdoblamiento de la elección de objeto y de la creación intermedia de la barrera contra el incesto, el objeto definitivo del instinto sexual no es nunca el primitivo, sino tan sólo un subrogado suyo. Pero el psicoanálisis nos ha demostrado que cuando el objeto primitivo de un impulso optativo sucumbe a la represión es remplazado, en muchos casos, por una serie interminable de objetos sustitutivos, ninguno de los cuales satisface por completo. Esto nos explicaría la inconstancia en la elección de objeto, el "hambre de estímulos", tan frecuente en la vida erótica de los adultos.

En segundo lugar, sabemos que el instinto sexual se descompone al principio en una amplia serie de elementos —o, mejor dicho, nace de ella—, y que alguno de estos componentes no pueden ser luego acogidos en su estructura ulterior, debiendo ser reprimidos o destinados a fines diferentes. Trátase, sobre todo, de los componentes instintivos coprófilos, incompatibles con nuestra cultura estética desde el punto y hora, probablemente, en que la actitud vertical alejó del suelo nuestros órganos olfatorios, y, además, de gran parte de los impulsos sádicos adscritos a la vida erótica. Pero todos estos procesos evolutivos no van más allá de los estratos superiores de la complicada estructura. Los procesos fundamentales que dan origen a la excitación erótica permanecen invariados. Lo excremental se halla ligado íntima e inseparablemente a lo sexual, y la situación de los genitales —*inter urinas et faeces*— continúa siendo el factor determinante invariable. Modificando una conocida frase de Napoleón el Grande, pudiera decirse que "la anatomía es el destino". Los genitales mismos no han seguido tampoco la evolución general de las formas humanas hacia la belleza. Conservan su animalidad primitiva, y en el fondo tampoco el amor ha perdido nunca tal carácter. Los instintos eróticos son difícilmente educados, y las tentativas de este orden dan tan pronto resultados exiguos como excesivos. No parece posible que la cultura llegue a conseguir aquí sus propósitos sin provocar una sensible pérdida de placer, pues la pervivencia de los impulsos no utilizados se manifiesta en una disminución de la satisfacción buscada en la actividad sexual.

Deberemos, pues, familiarizarnos con la idea de que no es posible armonizar las exigencias del instinto sexual con las de la cultura, ni tampoco excluir de estas últimas el renunciamiento y el dolor, y muy en último término, el peligro de la extinción de la especie humana, víctima de su desarrollo cultural.

De todos modos, este tenebroso pronóstico no se funda sino en la sola sospecha de que la insatisfacción característica de nuestras sociedades civilizadas es la consecuencia necesaria de ciertas particularidades impresas al instinto sexual por las exigencias de la cultura.

Ahora bien: esta misma incapacidad de proporcionar una plena satisfacción que el instinto sexual adquiere en cuanto es sometido a las primeras normas de la civilización es, por otro lado, fuente de máximos rendimientos culturales, conseguidos mediante una sublimación progresiva de sus componentes instintivos. Pues ¿qué motivo tendrían los hombres para dar empleo distinto a sus energías instintivas sexuales si tales energías, cualquiera que fuese su distribución, proporcionasen una plena satisfacción placiente? No podrían ya libertarse de tal placer, y no realizarían progreso alguno. Parece así que la inextinguible diferencia entre las exigencias de los dos instintos —el sexual y el egoísta— los capacita para rendimientos cada vez más altos, si bien bajo un constante peligro, cuya forma actual es la neurosis, a la cual sucumben los más débiles.

La ciencia no se propone atemorizar, ni consolar tampoco. Mas, por mi parte, estoy pronto a conceder que las conclusiones apuntadas, tan extremas, deberían reposar sobre bases más amplias, y que quizá otras orientaciones evolutivas de la Humanidad lograran corregir los resultados de las que aquí hemos expuesto aisladamente.

3. El tabú de la virginidad

Entre las peculiaridades de la vida sexual de los pueblos primitivos no hay ninguna tan ajena a nuestros sentimientos como su valoración de la virginidad. Para nosotros, el hecho de que el hombre conceda un supremo valor a la integridad sexual de su pretendida es, algo tan natural e indiscutible que, al intentar aducir las razones en que fundamos tal juicio, pasamos por un momento de perplejidad. Pero no tardamos en advertir que la demanda de que la mujer no lleve al matrimonio el recuerdo del comercio sexual con otro hombre no es sino una ampliación consecuente del derecho exclusivo de propiedad que constituye la esencia de la monogamia, una extensión de este monopolio al pretérito de la mujer.

Sentado esto, no nos es ya difícil justificar lo que antes hubo de parecernos un prejuicio nacido de nuestras opiniones sobre la vida erótica femenina. El hombre que

ha sido el primero en satisfacer los deseos amorosos de
la mujer, trabajosamente refrenados durante largos años,
y habiendo tenido que vencer previamente las resistencias
creadas en ella por la educación y el medio ambiente, es
el que ella conduce a una asociación duradera, cuya posibilidad excluye para los demás. Sobre este hecho como
base, se establece para la mujer una servidumbre que
garantiza su posesión ininterrumpida y le otorga capacidad de resistencia contra nuevas impresiones y tentaciones.

La expresión "servidumbre sexual" fue elegida en 1892
por Krafft-Ebing[7] para designar el hecho de que una
persona puede llegar a depender en un grado extraordinario de otra con la que mantiene relaciones sexuales.
Esta servidumbre puede alcanzar algunas veces caracteres
extremos, llegando a la pérdida de toda voluntad propia
y al sacrificio de los mayores intereses personales. Ahora
bien: el autor no olvida advertir que cierta medida de
tal servidumbre "es absolutamente necesaria si el lazo
ha de lograr alguna duración". Esta cierta medida de
servidumbre sexual es, en efecto, indispensable como
garantía del matrimonio, y tal y como éste se entiende
en los países civilizados, y para su defensa contra las
tendencias polígamas que lo amenazan. Entendiéndolo
así, nuestra sociedad civilizada ha reconocido siempre
este importante factor.

Krafft-Ebing hace nacer la servidumbre sexual del
encuentro de un "grado extraordinario de enamoramiento y debilidad de carácter", por un lado, con un ilimitado
egoísmo, por otro. Pero la experiencia analítica no nos
permite satisfacernos con esta sencilla tentativa de explicación. Puede comprobarse más bien que el factor
decisivo es la magnitud de la resistencia sexual vencida,
y secundariamente la concentración y la unicidad del
proceso que culminó en tal victoria. La servidumbre es
así más frecuente e intensa en la mujer que en el hom-

bre, si bien este último parece actualmente mucho más
propenso a ella que en la antigüedad. En aquellos casos
en los que hemos podido estudiar la servidumbre en sujetos masculinos, hemos comprobado que constituía la
consecuencia de unas relaciones eróticas en las que una
mujer determinada había logrado vencer la impotencia
psíquica del sujeto, el cual permaneció ligado a ella desde aquel momento. Muchos matrimonios singulares y
algunos trágicos destinos —a veces de muy amplias consecuencias— parecen explicarse por este origen de la
fijación erótica a una mujer determinada.

Volviendo a la mencionada conducta de los pueblos
primitivos, habremos de hacer constar que sería inexacto
describirla diciendo que no dan valor alguno a la virginidad y aduciendo como prueba su costumbre de hacer
desflorar a las adolescentes fuera del matrimonio y antes
del primer coito conyugal. Muy al contrario, parece que
también para ellos constituye el desfloramiento un acto
importantísimo, pero que ha llegado a ser objeto de un
tabú, esto es, de una prohibición de carácter religioso.
En lugar de reservarlo al prometido y futuro marido de
la adolescente, la costumbre exige que el mismo *eluda
tal función*[8].

No está en mi ánimo reunir todos los testimonios li-
terarios de la existencia de esta prohibición moral, ni
perseguir su difusión geográfica y enumerar todas las
formas en que se manifiesta. Me limitaré, pues, a hacer
constar que esta perforación del himen fuera del matrimonio ulterior es algo muy difundido entre los pueblos
primitivos hoy en día existentes. Crawley dice a este
respecto[9]: *This marriage ceremony consists in perfora-
tion of the hymen by some appointed person other than
the husband; it is most common in the lowest stages of
culture, especially in Australia.*

Ahora bien: si el desfloramiento no ha de ser realizado en el primer coito conyugal, habrá de tener efecto por alguien, y en alguna forma, antes del mismo. Citaremos algunos pasajes de la obra de Crawley que nos ilustran sobre esta cuestión, dándonos además margen para algunas observaciones críticas.

Pág. 191: "Entre los dieri y algunas tribus vecinas (Australia) es costumbre general proceder a la rotura del himen al llegar las jóvenes a la pubertad. En las tribus de Portland y Glenelg se encomienda esta función a una anciana, acudiéndose también, a veces, en demanda de tal servicio a los hombres blancos."

Pág. 307: "La rotura artificial del himen es verificada algunas veces en la infancia, pero más generalmente en la pubertad... Con frecuencia aparece combinada —como en Australia— con un coito ceremonial."

Pág. 348. (con referencia a ciertas tribus australianas en las que se observan determinadas limitaciones exógamas del matrimonio): "El himen es perforado artificialmente y los hombres que han asistido a la operación realizan después el coito (de carácter ceremonial) con la joven, conforme a un orden de sucesión preestablecido... El acto se divide, pues, en dos partes: perforación y coito."

Pág. 349: "Entre los masais (Africa ecuatorial), la práctica de esta operación es uno de los preparativos más importantes del matrimonio. Entre los sacais (malayos), los tatas (Sumatra) y los alfoes (islas Célebes), la desfloración es llevada a cabo por el padre de la novia. En las islas Filipinas existían hombres que tenían por oficio desflorar a las novias cuando éstas no lo habían sido ya, en su infancia, por una anciana encargada de tal función. En algunas tribus esquimales se abandona la desfloración de la novia al *angekok* o sacerdote."

Las observaciones críticas antes enunciadas se refieren a dos puntos determinados. Es de lamentar, en primer

lugar, que en los datos transcritos no se distinga más
precisamente entre la mera destrucción del himen sin
coito y el coito realizado con tal fin. Sólo en un lugar
se nos dice explícitamente que el acto se divide en dos
partes: el desfloramiento (manual o instrumental) y el
acto sexual inmediato. El rico material aportado por
Bartel-Ploss nos es de escasa utilidad para nuestros fines, por atenerse casi exclusivamente al resultado anatómico del desfloramiento, desatendiendo su importancia
psicológica. En segundo lugar, quisiéramos que se nos
explicara en qué se diferencia el coito "ceremonial" (puramente formal, solemne, oficial), realizado en estas ocasiones, del coito propiamente dicho. Mas los autores que
he podido consultar han sido quizá demasiado pudorosos
para entrar en más explicaciones, o no han visto tampoco la importancia psicológica de tales detalles sexuales.
Es de esperar que los relatos originales de los explorado-
res y misioneros sean más explícitos e inequívocos; pero
no siéndome de momento accesible esta literatura, ex-
tranjera en su mayor parte, no puedo asegurar nada sobre este punto. Además, las dudas a él referentes pueden
desvanecerse con la reflexión de que un coito aparente
ceremonial, no sería sino la sustitución del coito completo llevado a cabo en épocas pretéritas [10].

Para la explicación de este tabú de la virginidad podemos acogernos a diversos factores que expondremos
rápidamente. El desfloramiento de las jóvenes provoca
por lo general efusión de sangre. Una primera tentativa
de explicación puede, pues, basarse en el horror de los
primitivos a la sangre, considerada por ellos como esencia
de la vida. Este tabú de la sangre aparece probado por
múltiples preceptos ajenos a la sexualidad. Se enlaza
evidentemente a la prohibición de matar y constituye una
defensa contra la sed de sangre de los hombres primitivos y sus instintos homicidas. Esta interpretación enlaza

el tabú de la virginidad al tabú de la menstruación, observado casi sin excepciones. Para el primitivo, el enigmático fenómeno del sangriento flujo mensùal se une inevitablemente a representaciones sádicas. Interpreta la menstruación —sobre todo la primera— como la mordedura de un espíritu animal y quizá como signo del comercio sexual con él. Algunos relatos permiten reconocer en este espíritu el de un antepasado, llevándonos a deducir, con ayuda de otros hechos, que las adolescentes son consideradas durante el período como propiedad de dicho antepasado, recayendo así sobre ellas en tales días un riguroso tabú.

Mas, por otra parte, nos parece aventurado conceder demasiada influencia a este horror de los primitivos a la efusión de sangre, pues en definitiva no ha logrado desterrar otros usos practicados por los mismos pueblos —la circuncisión masculina y la femenina, mucho más cruenta (escisión de clítoris y de los pequeños labios)—, ni anular la validez de un ceremonial en el que también se derrama sangre. No sería, pues, de extrañar que el horror a la efusión de sangre hubiese sido también superado con relación al primer coito en favor del marido.

Otra segunda explicación, ajena también a lo sexual, presenta una mayor generalidad y consiste en afirmar que el primitivo es víctima de una constante disposición a la angustia, idéntica a la que nuestras teorías psicoanalíticas atribuyen a los neuróticos. Esta disposición a la angustia alcanzará máxima intensidad en todas aquellas ocasiones que se aparten de lo normal, trayendo consigo algo nuevo, inesperado, incomprensible o inquietante. De aquí proceden también aquellos ceremoniales incorporados a religiones muy ulteriores y enlazados a la iniciación de todo asunto nuevo, al comienzo de cada período de tiempo y a las primicias del hombre, el animal o el vegetal. Los peligros de que el sujeto angustiado se cree amenazado alcanzan en su ánimo temeroso su más alto grado al principio de la situación peligrosa, siendo entonces cuando debe buscar una defensa contra ellos. La significación del primer coito conyugal justifica plenamente la adopción previa de medidas de defensa. Las dos tentativas de explicación que preceden —la del horror a la efusión de sangre y la de la angustia ante todo acto primero— no se contradicen. Por el contrario, se prestan mucho refuerzo. El primer acto sexual es ciertamente un acto inquietante, tanto más cuanto que provoca efusión de sangre.

Una tercera explicación —la preferida por Crawley— advierte que el tabú de la virginidad pertenece a un amplio conjuro que abarca toda la vida sexual. El tabú no recae tan sólo sobre el primer coito, sino sobre el comercio sexual en general. Casi podría decirse que la mujer es tabú en su totalidad. No lo es únicamente en las situaciones derivadas de su vida sexual: la menstruación, el embarazo, el parto y el puerperio. También fuera de ellas pesan sobre el comercio con la mujer tantas y tan severas restricciones, que no es posible sostener ya la pretendida libertad sexual de los salvajes. Es indiscutible que en ciertas ocasiones la sexualidad de los primitivos se sobrepone a toda coerción; pero ordinariamente se nos muestra restringida por diversas prohibiciones y preceptos, más estrechamente aún que en las civilizaciones superiores. En cuanto el hombre inicia alguna empresa especial, una partida de caza, una expedición guerrera o un viaje, debe mantenerse alejado de la mujer. La infracción de este precepto paralizaría sus fuerzas y le conduciría al fracaso. También en los usos cotidianos se transparenta una tendencia a la separación de los sexos. Las mujeres y los hombres viven en grupos separados. En muchas tribus no existe apenas algo semejante a nuestra vida familiar. La separación llega hasta el punto de estar prohibido a cada sexo pronunciar los nombres de las personas de sexo contrario, poseyendo las mujeres un vocabulario especial. La necesidad sexual rompe, naturalmente, de continuo estas barreras; pero existen aún algunas tribus en las cuales la unión sexual de los esposos ha de celebrarse fuera de la casa y en secreto.

Allí donde el primitivo ha establecido un tabú es porque temía un peligro, y no puede negarse que en todos estos preceptos de aislamiento se manifiesta un temor fundamental a la mujer. Este temor se basa quizá en que la mujer es muy diferente del hombre, mostrándose siempre incomprensible, enigmática, singular y, por todo ello, enemiga. El hombre teme ser debilitado por la mujer, contagiarse de su femineidad y mostrarse luego incapaz de hazañas viriles. El efecto enervante del coito puede ser muy bien el punto de partida de tal temor, a cuya difusión contribuiría luego la percepción de la influencia adquirida por la mujer sobre el hombre al cual se entrega. En todo esto no hay ciertamente nada que no subsista aún entre nosotros.

En opinión de muchos autores, los impulsos eróticos de los primitivos son relativamente débiles y no alcanzan jamás las intensidades que acostumbramos comprobar en la Humanidad civilizada. Otros han discutido este juicio; pero, de todos modos, los usos tabú enumerados testimonian de la existencia de un poder que se opone al amor, rechazando a la mujer por considerarla extraña y enemiga.

En términos muy análogos a los psicoanalíticos, describe Crawley que entre los primitivos cada individuo se diferencia de los demás por un *taboo of personal isolation*, fundando precisamente en estas pequeñas diferencias, dentro de una general afinidad, sus sentimientos de individualidad y hostilidad. Sería muy atractivo proseguir el desarrollo de esta idea y derivar de este "narcisismo de las pequeñas diferencias" la hostilidad que en todas las relaciones humanas vemos sobreponerse a los sentimientos de confraternidad, derrocando el precepto general de amar a nuestro prójimo como a nosotros mismos. El psicoanálisis cree haber adivinado una parte principalísima de los fundamentos en que se basa la repulsa narcisista de la mujer, refiriendo tal repulsa al complejo de la castración y a su influencia sobre el juicio estimativo de la mujer.

Pero con estas últimas reflexiones nos hemos alejado mucho de nuestro tema. El tabú general de la mujer no arroja luz ninguna sobre los preceptos especiales referentes al primer acto sexual con una mujer virgen. En este punto hemos de acogernos a las dos primeras explicaciones expuestas —el horror a la efusión de sangre y el temor a todo acto inicial—, e incluso hemos de reconocer que tales explicaciones no penetran tampoco hasta el nódulo del precepto tabú que nos ocupa. Este precepto se basa evidentemente en la intención de *negar o evitar precisamente al ulterior marido algo* que se considera inseparable del primer acto sexual aunque de dicho acto hubiera de derivarse por otro lado, y según nuestra observación inicial, una ligazón particularmente intensa de la mujer a la persona del marido.

No entra esta vez en nuestros planes examinar el origen y la última significación de los preceptos tabú. Lo hemos hecho ya en nuestro libro *Tótem y tabú*, en el que señalamos como condición de la génesis del tabú la existencia de una ambivalencia original, y vimos el origen del mismo en los sucesos prehistóricos que condujeron a la formación de la familia. En los usos tabú actualmente observados entre los primitivos no puede ya reconocerse tal significación inicial. Al querer hallarla, todavía olvidamos demasiado fácilmente que también los pueblos más primitivos viven hoy en una civilización muy distante de la prehistórica, una civilización tan antigua como la nuestra y que, como ella, corresponde a un estadio avanzado, si bien distinto, de la evolución.

En los primitivos actuales encontramos ya el tabú desarrollado hasta formar un artificioso sistema, comparable al que nuestros neuróticos construyen en sus fobias, sistema en el cual los motivos antiguos han sido sustituidos por otros nuevos. Dejando a un lado los problemas genéticos antes apuntados, volveremos, pues, a nuestra conclusión de que el primitivo establece un tabú allí donde teme un peligro. Este peligro es, generalmente considerado, de carácter psíquico, pues el primitivo no siente la menor necesidad de llevar aquí a efecto dos diferenciaciones que a nosotros nos parecen ineludibles. No separa el peligro material del psíquico ni el real del imaginario. En su concepción del Universo, consecuentemente animista, todo peligro procede de la intención hostil de un ser dotado, como él, de una alma, y tanto el peligro que amenaza por parte de una fuerza natural como los que provienen de animales feroces o de otros hombres. Mas, por otro lado, acostumbra asimismo a proyectar sus propios impulsos hostiles sobre el mundo exterior; esto es, a atribuirlos a aquellos objetos que le disgustan o los siente simplemente extraños a él. De este modo considera también a la mujer como una fuente de peligros, y ve en el primer acto sexual con una de ellas un riesgo especialmente amenazador.

Una detenida investigación de la conducta de la mujer civilizada contemporánea en las circunstancias a las que nos venimos refiriendo puede proporcionarnos quizá la explicación del temor de los primitivos a un peligro concomitante a la iniciación sexual. Anticipando los resultados de esta investigación, apuntaremos que tal peligro existe realmente, resultando así que el primitivo se defiende, por medio del tabú de la virginidad, de un peligro acertadamente sospechado, si bien meramente psíquico.

La reacción normal al coito nos parece ser que la mujer, plenamente satisfecha, estreche al hombre entre sus brazos, y vemos en ello una expresión de su agradecimiento y una promesa de su duradera servidumbre. Pero sabemos también que el primer coito no tiene, por lo regular, tal consecuencia. Muy frecuentemente no supone sino un desengaño para la mujer, que permanece fría e insatisfecha y precisa por lo general de algún tiempo y de la repetición del acto sexual para llegar a encontrar en él plena satisfacción. Estos casos de frigidez meramente inicial y pasajera constituyen el punto de partida de una serie gradual, que culmina en aquellos otros, lamentables, de frigidez perpetua, contra la cual se estrellan todos los esfuerzos amorosos del marido.

A mi juicio, esta frigidez de la mujer no ha sido bien comprendida aún y, salvo en aquellos casos en los que ha de ser atribuida a una insuficiente potencia del marido, demanda una explicación que quizá podamos aportar examinando los fenómenos que le son afines.

Entre tales fenómenos no quisiéramos integrar la frecuentísima tentativa de fuga ante el primer coito, pues tales tentativas distan mucho de ser unívocas, y, sobre todo, han de interpretarse, siquiera en parte, como expresión de la tendencia femenina general a la defensa. En cambio, creo que ciertos casos patológicos pueden arrojar alguna luz sobre el enigma de la frigidez femenina. Me refiero a aquellos casos en los que después del primer coito, e incluso después de cada uno de los sucesivos, da la mujer franca expresión a su hostilidad contra el marido, insultándole, amenazándole o llegando incluso a golpearle. En un definido caso de este género que pude someter a un minucioso análisis, sucedía esto a pesar de que la mujer amaba tiernamente a su marido, siendo a veces ella misma la que le incitaba a realizar el coito y encontrando en él innegable e intensa satisfacción. A mi juicio, esta singular reacción contraria es un resultado de aquellos mismos impulsos que en general sólo consiguen manifestarse bajo la forma de frigidez sexual, logrando coartar la reacción amorosa, pero no imponer sus fines propios. En los casos patológicos aparece disociado en sus dos componentes aquello que en la frigidez, mucho más frecuente, se asocia para producir una inhibición, análogamente a como sucede, según sabemos hace ya largo tiempo, en ciertos síntomas de la neurosis obsesiva. Así, pues, el peligro oculto en el desfloramiento de la mujer sería el de atraerse su hostilidad, siendo precisamente el marido quien mayor interés debe tener èn eludir tal hostilidad.

El análisis nos revela sin gran dificultad cuáles son los impulsos femeninos que originan esta conducta paradójica, en la que esperamos hallar la explicación de la frigidez. El primer coito pone en movimiento una serie de impulsos contrarios a la emergencia de la disposición femenina deseable, algunos de los cuales no habrán de surgir ya obligadamente en las ulteriores repeticiones del acto sexual. Recordaremos aquí ante todo, el dolor provocado por el desfloramiento, e incluso nos inclinaremos a atribuirle carácter decisivo y a prescindir de buscar otros. Pero no tardamos en darnos cuenta de que en realidad no puede atribuirse al dolor tan decidida importancia, debiendo más bien sustituirlo por la ofensa narcisista concomitante siempre a la destrucción de un órgano. Tal ofensa encuentra precisamente en este caso una representación racional en el conocimiento de la disminución del valor sexual de la desflorada. Los usos matrimoniales de los primitivos previenen, pues, contra esta supervaloración. Hemos visto que en algunos casos el ceremonial consta de dos partes y que al desgarramiento del himen, llevado a cabo con la mano o con un instrumento, sucede un coito oficial o simulado con los camaradas o testigos del marido. Ello nos demuestra que el sentido del precepto tabú no queda aún plenamente cumplido con la evitación del desfloramiento anatómico y que el peligro de que se debe librar al esposo no reside tan sólo en la reacción de la mujer al dolor del primer contacto sexual.

Otra de las razones que motivan el desengaño producido por el primer coito es su imposibilidad de procurar a la mujer, por lo menos a la mujer civilizada, todo lo que de él se prometía. Para ella, el comercio sexual se hallaba enlazado hasta aquel momento a una enérgica prohibición, y al desaparecer ésta, el comercio sexual legal hace el efecto de algo muy distinto. Este último enlace preexistente entre las ideas de "actividad sexual" y "prohibición" se transparenta casi cómicamente en la conducta de muchas novias que ocultan sus relaciones amorosas a todos los extraños, e incluso a sus mismos padres, aun en aquellos casos en los que nada justifica tal secreto ni es de esperar oposición alguna. Tales jóvenes declaran francamente que el amor pierde para ellas mucha parte de su valor al dejar de ser secreto. Esta idea adquiere en ocasiones tal predominio que impide totalmente el desarrollo del amor en el matrimonio, y la mujer no recobra ya su sensibilidad amorosa si no es en unas relaciones ilícitas y rigurosamente secretas, en las cuales se siente segura de su propia voluntad, no influida por nada ni por nadie.

Sin embargo, tampoco este motivo resulta suficientemente profundo. Depende, además, de condiciones estrictamente culturales y no parece poder enlazarse, sin violencia, a la situación de los primitivos. En cambio, existe aún otro factor, basado en la historia evolutiva de la libido, que nos parece presentar máxima importancia. La investigación analítica nos ha descubierto la regularidad de las primeras fijaciones de la libido y su extraordinaria intensidad. Trátase aquí de deseos sexuales infantiles tenazmente conservados, y en la mujer, por lo general, de una fijación de la libido al padre o a un hermano, sucedáneo de aquél, deseos orientados, con gran frecuencia, hacia fines distintos del coito o que sólo lo integran como fin vagamente reconocido. El marido es siempre, por decirlo así, un sustituto. En el amor de la mujer, el primer puesto lo ocupa siempre alguien que no es el marido; en los casos típicos, el padre, y el marido, a lo más, el segundo. De la intensidad y del arraigo de esta fijación depende que el sustituto sea o no rechazado como insatisfactorio. La frigidez se incluye, de este modo, entre las condiciones genéticas de la neurosis. Cuanto más poderoso es el elemento psíquico en la vida de una mujer, mayor resistencia habrá de oponer la distribución de su libido a la conmoción provocada por el primer acto sexual y menos poderosos resultarán' los efectos de su posesión física. La frigidez emergerá entonces en calidad de inhibición neurótica o constituirá una base propicia al desarrollo de otras neurosis. A este resultado coadyuva muy importantemente una inferioridad de la potencia masculina, por ligera que sea.

A esta actuación de los primeros deseos sexuales parece responder la costumbre seguida por los primitivos al encomendar el desfloramiento a uno de los ancianos de la tribu o a un sacerdote; esto es, a una persona de carácter sagrado, o, en definitiva, a una sustitución del padre. En este punto parece iniciarse un camino que nos lleva hasta el tan discutido *ius primæ noctis* de los señores feudales. A. J. Storfer sostiene esta misma opinión [11] e interpreta, además, la tan difundida institución del "matrimonio de Tobías" (la costumbre de guardar continencia en las tres primeras noches) como el reconocimiento de los privilegios del patriarca, interpretación iniciada antes por C. G. Jung[12]. No nos extrañará ya encontrar también a los ídolos entre los subrogados del padre encargados del desfloramiento. En algunas regiones de la India, la recién casada debía sacrificar su himen a un ídolo de madera, y según refiere San Agustín, en las ceremonias nupciales romanas (¿de su época?) existía igual costumbre, si bien mitigada en el sentido de que la novia se limitaba a sentarse sobre el gigantesco falo del dios Príapo[13].

Hasta estratos más profundos aún penetra otro motivo, al que hemos de atribuir el primer lugar de la reacción paradójica contra el hombre, y cuya influencia se manifiesta igualmente, a mi juicio, en la frigidez de la mujer. El primer coito activa todavía en ésta otros antiguos impulsos, distintos de los descritos y contrarios, en general, a la función femenina.

Por el análisis de un gran número de mujeres neuróticas sabemos que pasan por un temprano estadio, en el que envidian al hermano el signo de la virilidad, sintiéndose ellas desventajadas y humilladas por la carencia de miembro (o, más propiamente dicho, por su disminución). Para nosotros, esta "envidia del pene" pertenece al "complejo de la castración". Si entre lo "masculino" incluimos el deseo de ser hombres, se adaptará muy bien a esta conducta el nombre de "protesta masculina" creado por Alf. Adler para elevar este factor a la categoría de sustentáculo general de la neurosis. Durante esta fase no ocultan muchas veces las niñas tal envidia ni la hostilidad en ella basada, y tratan de proclamar su igualdad al hermano intentando orinar en pie, como él. En el caso antes citado, de agresión ulterior al coito, no obstante un tierno amor al marido, pude comprobar que la fase descrita había existido con anterioridad a la elección de objeto. Sólo después de ella se orientó la libido de la niña hacia el padre, sustituyendo el deseo de poseer un miembro viril por el de tener un niño.

No me sorprendería que en otros casos siguiera la sucesión temporal de estos impulsos un orden inverso, no entrando en acción esta parte del complejo de la castración hasta después de realizada la elección de objeto. Pero la fase masculina de la mujer, durante la cual envidia al niño la posesión de un pene, pertenece a un estadio evolutivo anterior a la elección de objeto y se halla más cerca que ella del narcisismo primitivo.

No hace mucho he tenido ocasión de analizar un sueño de una recién casada, en el que se transparentaba una reacción a su desfloramiento, delatando el deseo de castrar a su joven marido y conservar ella su pene. Cabía también quizá la interpretación más inocente de que lo deseado era la prolongación y repetición del acto; pero ciertos detalles del sueño iban más allá de este sentido, y tanto el carácter como la conducta ulterior de la sujeto testimoniaban en favor de la primera interpretación. Detrás de esta envidia del miembro viril se vislumbra la hostilidad de la mujer contra el hombre; hostilidad que nunca falta por completo en las relaciones entre los dos sexos y de la cual hallamos claras pruebas en las aspiraciones y las producciones literarias de las "emancipadas". En una especulación paleobiológica, retrotrae Ferenczi esta hostilidad de la mujer hasta la época en que tuvo lugar la diferenciación de los sexos. En un principio —opina—, la cópula se realizaba entre dos individuos idénticos, uno de los cuales alcanzó un desarrollo más poderoso, y obligó al otro, más débil, a soportar la unión sexual. El rencor originado por esta subyugación perduraría aún hoy en la disposición actual de la mujer. Por mi parte, nada encuentro que reprochar a esta clase de especulaciones, siempre que no se llegue a concederles un valor superior al que pueden alcanzar.

Después de esta enumeración de los motivos de la paradójica reacción de la mujer ante el desfloramiento, seguida de la frigidez, podemos concluir, resumiendo, que la insatisfacción sexual de la mujer descarga sus reacciones sobre el hombre que la inicia en el acto sexual. El tabú de la virginidad recibe así un preciso sentido, pues nos explicamos muy bien la existencia de un precepto encaminado a librar precisamente de tales peligros al hombre que va a iniciar una larga convivencia con la mujer. En grados superiores de cultura, la valoración de estos peligros ha desaparecido ante la promesa de la servidumbre y seguramente ante otros diversos motivos y atractivos; la virginidad es considerada como una dote, a la cual no debe renunciar el hombre. Pero el análisis de las perturbaciones del matrimonio nos enseña que los motivos que impulsan a la mujer a tomar venganza de su desfloramiento no se han extinguido tampoco por completo en el alma de la mujer civilizada. A mi juicio, el observador ha de extrañar el extraordinario número de casos en los que la mujer permanece frígida en un primer matrimonio y se considera desgraciada, y, en cambio, disuelto este primer matrimonio, ama tiernamente y hace feliz al segundo marido. La reacción arcaica se ha agotado, por decirlo así, en el primer objeto.

No puede tampoco afirmarse que el tabú de la virginidad haya desaparecido por completo en nuestra vida civilizada. El alma popular lo conoce, y los poetas lo han utilizado en sus creaciones. En una de sus comedias nos presenta Anzengruber a un joven campesino que renuncia a casarse con la novia a él destinada, dejándose convencer inocentemente por el argumento de que la muchacha es "una chicuela, que no sabe aún nada de la vida". Permite así su matrimonio con otro y se resigna, pensando en casarse con ella cuando enviude y no sea ya peligrosa para él. El título de esta obra, *El veneno virginal,* recuerda la creencia de que los encantadores de serpientes las hacen morder antes en un lienzo, en el que dejan el veneno, pudiendo después manejarlas sin peligro[14]

Una conocida figura dramática, la Judit de la tragedia de Hebbel *Judit y Holofernes,* nos ofrece una acabada representación del tabú de la virginidad y de gran parte de su motivación. Judit es una de aquellas mujeres cuya virginidad aparece protegida por un tabú. Su primer marido, paralizado la primera noche por un enigmático temor, no se atrevió ya a aproximarse a ella. "Mi belleza es como la de una flor venenosa —dice Judit—. Produce la locura y la muerte." Al ver sitiada luego su ciudad por el caudillo asirio, concibe el plan de seducirle y perderle con su hermosura, utilizando así un motivo patriótico para encubrir otro sexual. Desflorada por el poderoso Holofernes, orgulloso de su fuerza y de su falta de escrúpulos, su indignación le da fuerzas para decapitarle, convirtiéndose en libertadora de su pueblo. La decapitación nos es ya conocida como un sustitutivo simbólico de la castración, y de este modo Judit es la mujer que castra al hombre que la ha desflorado, como sucedía en el sueño de mi paciente recién casada, antes mencionado. Hebbel sexualizó intencionadamente el relato patriótico, tomado de los libros apócrifos del Antiguo Testamento, en los cuales Judit se vanagloria a su regreso de no haber sido violada. También falta en el texto bíblico todo dato sobre su trágica noche nupcial. Pero nuestro autor, con su fina sensibilidad de poeta, sospechó, sin duda, el motivo primitivo, desvanecido en aquel relato tendencioso, y devolvió al tema todo su contenido original.

En un excelente análisis explica I. Sadger cómo el pro-

pio complejo parental del poeta determinó su elección
de asunto dramático y por qué en la lucha de los sexos,
tomó siempre partido por la mujer, sabiendo infundirse
en sus más ocultos movimientos anímicos [15]. Cita igualmente la motivación que el poeta mismo atribuye a su
modificación del asunto, y la tacha, con razón, de arti-
ficiosa, considerándola destinada únicamente a justificar
externamente, y en el fondo, a encubrir algo inconsciente para el propio autor. Nada he de objetar tampoco a la
explicación dada por Sadger al hecho de convertir a
Judit, viuda, según el texto bíblico, en viuda virgen. Pero
sí añadiré que después de fijar el poeta la virginidad de
su protagonista, su penetrante imaginación permaneció
ligada a la reacción hostil, desencadenada por el desfloramiento.

Podemos, pues, concluir que el desfloramiento no
tiene tan sólo la consecuencia natural de ligar duraderamente la mujer al hombre, sino que desencadena también una reacción arcaica de hostilidad contra él, reacción que puede tomar formas patológicas, las cuales se
manifiestan frecuentemente en fenómenos de inhibición
en la vida erótica conyugal, y a los que hemos de atribuir el que las segundas nupcias resulten muchas veces
más felices que las primeras. El singular tabú de la virginidad, y el temor con que entre los primitivos elude
el marido el desfloramiento, quedan plenamente justifi-
cados por esta reacción hostil.

Resulta muy interesante descubrir en la práctica analítica mujeres en las cuales las dos reacciones contrapues-
tas de servidumbre y hostilidad se manifiestan al mismo
tiempo y permanecen íntimamente enlazadas. Entre estas mujeres hay algunas que parecen completamente di-
sociadas de sus maridos y que, sin embargo, no pueden
desligarse de ellos. Cuantas veces intentan orientar su

amor hacia otra persona, se lo estorba la imagen del marido, al que, sin embargo, no aman. El análisis demuestra, en estos casos, que tales mujeres permanecen ligadas a sus maridos por servidumbre, pero no ya por cariño. No logran libertarse de ellos porque no han acabado de vengarse de ellos, y en los casos más extremos, porque ni siquiera se ha hecho aún consciente en su ánimo el impulso vengativo.

Años 1910-1912

7. Concepto psicoanalítico de las perturbaciones psicógenas de la visión

Quisiéramos señalar, en el caso especial de las perturbaciones psicógenas de la visión, las modificaciones introducidas en nuestra concepción de la génesis de tales afecciones por los resultados de la investigación psicoanalítica. La ceguera histérica es generalmente considerada como el prototipo de los trastornos visuales psicógenos, y después de las investigaciones de la escuela francesa —Charcot, Janet, Binet— se cree conocer perfectamente su génesis. En efecto, es posible provocar experimentalmente la ceguera en una persona asequible al sonambulismo. Sumiendo a tal persona en un profundo estado hipnótico y sugiriéndole la idea de que no ve ya nada con uno de sus ojos, se conducirá efectivamente como si aquel órgano hubiese perdido por completo sus facultades visuales, o como una histérica, aquejada de una perturbación óptica, espontáneamente desarrollada. Podemos, pues, reconstruir el mecanismo de la perturbación visual histérica espontánea conforme al modelo de la hipnótica sugerida. En la histérica, la idea de estar ciega no nace de la sugestión del hipnotizador, sino espontáneamente, o, según suele decirse, por autosugestión, y esta idea es en ambos casos tan fuerte que se convierte en realidad, del mismo modo que las alucinaciones, las parálisis y los demás fenómenos sugeridos.

Nada de esto parece muy inverosímil, y ha de satisfacer a todos aquellos que puedan sobreponerse a los múltiples enigmas escondidos detrás de los conceptos de hipnosis, sugestión y autosugestión. Pero, sobre todo, la autosugestión plantea muchas interrogaciones. ¿Cuándo y bajo qué condiciones adquiere una representación la intensa energía necesaria para conducirse como una sugestión y transformarse, sin más, en realidad? Minuciosas investigaciones nos han demostrado que es imposible dar respuesta a esta interrogación sin el auxilio del concepto de lo "inconsciente". Muchos filósofos se rebelan contra la hipótesis de tal psiquismo inconsciente porque no se han ocupado nunca de los fenómenos que la imponen. Pero a los psicopatólogos se les ha hecho ya inevitable laborar con procesos anímicos inconscientes, representaciones inconscientes, etc.

Ciertos ingeniosos experimentos han mostrado que los histéricos atacados de ceguera psicógena continúan viendo en cierto modo. Los estímulos ejercidos sobre el ojo ciego pueden determinar eficazmente ciertas consecuencias psíquicas; por ejemplo, provocar efectos aunque éstos no resulten ser conscientes. Así, pues, los atacados de ceguera histérica sólo son ciegos para la conciencia; en lo inconsciente continúan viendo. Los descubrimientos de este orden son precisamente los que nos obligan a diferenciar los procesos anímicos en conscientes e inconscientes. ¿Cómo, pues, desarrolla el sujeto la "autosugestión" inconsciente de estar ciego si precisamente en lo inconsciente continúa viendo?

A esta nueva interrogación contestan los investigadores de la escuela francesa declarando que en los enfermos predispuestos a la histeria preexiste una tendencia' a la disociación —a la disolución de la coherencia del suceder psíquico—, a consecuencia de la cual algunos procesos inconscientes no se extienden hasta lo consciente. Sin entrar a determinar el valor de esta tentativa de explicación para la inteligencia de los fenómenos expuestos, pasaremos ahora a otro punto de vista. La identificación antes apuntada de la ceguera histérica con la provocada por sugestión no puede ya ser mantenida Los histéricos no ciegan a causa de la representación autosugestiva correspondiente, sino a consecuencia de la disociación entre los procesos inconscientes y los conscientes en el acto de la visión; su idea de no ver es la expresión exacta de la situación psíquica y no la causa de tal situación.

Si se me reprocha la falta de claridad de la exposición precedente, no creo que haya de serme fácil defenderla. He intentado presentar una síntesis de las opiniones de diversos investigadores, y para conseguirlo he esquematizado quizá con exceso el material. Quería condensar en un compuesto unitario los conceptos en los que se ha basado la explicación de los trastornos psicógenos —la génesis de ideas extraordinariamente poderosas, la diferenciación de procesos anímicos, conscientes e inconscientes, y la hipótesis de la disociación psíquica—, labor en la que no podía por menos de fracasar, como han fracasado en ella los autores franceses, con P. Janet a la cabeza. Rogando, pues, se excuse, a más de la oscuridad, la infidelidad de mi exposición, pasaré a relatar cómo el psicoanálisis nos ha conducido a una concepción más fir-

me y más vital de las perturbaciones psicógenas de la
visión.

El psicoanálisis acepta también las hipótesis de la disociación y de lo inconsciente, pero establece entre ellas
una distinta relación. Nuestra disciplina es una concepción dinámica que refiere la vida anímica a un juego de
fuerzas, que se favorecen o estorban unas a otras. Cuando
un grupo de representaciones permanece encerrado en lo
inconsciente, no deduce de ello una incapacidad constitucional para la síntesis, manifiesta precisamente en esta
disociación, sino afirma que una oposición activa de otros
grupos de representaciones ha producido el aislamiento
y la inconsciencia del grupo primero. Da al proceso que
ha sometido a uno de los grupos a tal destino el nombre
de "represión", y reconoce en él algo análogo a la condensación de un juicio en el terreno lógico. Por último,
demuestra que tales represiones desempeñan un papel
extraordinariamente importante en nuestra vida anímica,
pudiendo fracasar frecuentemente al individuo, y constituyendo este fracaso la premisa de la producción de
síntomas.

Así, pues, si los trastornos psicógenos de la visión reposan, como hemos hallado, sobre el hecho de que ciertas
representaciones enlazadas a la visión permanecen aleja-
das de la conciencia, la opinión psicoanalítica habrá de
suponer que tales representaciones han entrado en pugna
con otras más fuertes, a las que reunimos bajo el nombre del *yo* como concepto común, diferentemente compuesto en cada caso, y han sucumbido así a la represión.
Pero ¿de dónde puede proceder tal pugna, conducente a
la represión, entre el *yo* y ciertos grupos de representaciones? Esta interrogación no podía plantearse antes del
psicoanálisis, pues con anterioridad a él no se sabía
nada del conflicto psíquico ni de la represión. Nuestras
investigaciones nos han permitido dar la respuesta de-

mandada. Hemos dedicado atención a la significación de los instintos para la vida ideológica, y hemos descubierto que cada instinto intenta imponerse, avivando las representaciones adecuadas a sus fines. Estos instintos no se muestran siempre compatibles unos con otros, y sus intereses respectivos entran muchas veces en conflicto. Las antítesis de las representaciones no son sino la expresión de las luchas entre los diversos instintos.

Muy importante para nuestra tentativa de explicación es la innegable oposición entre los instintos puestos al servicio de la sexualidad y de la consecución del placer sexual y aquellos otros cuyo fin es la conservación del individuo o instintos del *yo*. Siguiendo las palabras del poeta, podemos clasificar como "hambre" o como "amor" todos los instintos orgánicos que actúan en nuestra alma. Hemos perseguido el "instinto sexual" desde sus primeras manifestaciones en el niño hasta que alcanza su estructura definitiva, considerada como "normal" y hemos descubierto que se halla compuesto por numerosos "instintos parciales", adheridos a los estímulos de ciertas regiones del cuerpo; hemos visto también que estos diversos instintos han de pasar por una complicada evolución antes de poder subordinarse de un modo adecuado a los fines de la reproducción. La investigación psicológica de nuestro desarrollo cultural nos ha enseñado que la cultura nace esencialmente a expensas de los instintos sexuales parciales, y que éstos han de ser sojuzgados, restringidos, transformados y orientados hacia fines más altos para establecer las construcciones anímicas culturales. Otro valiosísimo resultado de estas investigaciones fue el descubrimiento —que nuestros colegas se resisten aún a reconocer— de que aquellas enfermedades a las que se da el nombre de "neurosis" han de ser referidas a las múltiples formas del fracaso de estos procesos de transformación de los instintos sexuales parciales. El *yo* se siente amenazado por las aspiraciones de los instintos sexuales y se defiende de ellos por medio de represiones, las cuales no logran siempre el efecto deseado, y tienen entonces por consecuencia la formación de peligrosos productos sustitutivos de lo reprimido y de penosas reacciones del *yo*. De estas dos clases de fenómenos se compone aquello que llamamos síntomas neuróticos.

Las consideraciones que preceden parecen habernos apartado considerablemente de nuestro tema, pero nos han facilitado una rápida visión de las relaciones de los estados patológicos neuróticos con nuestra vida anímica total.

Volvamos ahora a nuestro problema especial. Los instintos sexuales y los del *yo* tienen a su disposición los mismos órganos y sistemas orgánicos. El placer sexual no se enlaza exclusivamente con la función de los genitales. La boca sirve para besar tanto como para comer o para la expresión verbal, y los ojos no perciben tan sólo las modificaciones del mundo exterior importantes para la conservación de la vida, sino también aquellas cualidades de los objetos que los elevan a la categoría de objetos de la elección erótica, o sea sus "encantos". Ahora bien: es muy difícil servir bien simultáneamente a dos señores. Cuanto más estrecha relación adquiere uno de estos órganos de doble función con uno de los grandes instintos, más se rehúsa al otro. Este peligro tiene ya que conducir a consecuencias patológicas al surgir un conflicto entre los dos instintos fundamentales y proceder el *yo* a una represión del instinto sexual parcial correspondiente. Su aplicación a los órganos visuales y la visión resulta muy sencilla. Cuando el instinto sexual parcial que se sirve de la visión llega a provocar con sus exigencias la defensa de los instintos del *yo*, dando lugar a la represión de las representaciones en las cuales se manifiesta su tendencia, queda pertur-

bada de un modo general la relación de los órganos visuales y de la visión con el *yo* y con la conciencia. El *yo*
pierde su imperio sobre el órgano, el cual se opone por
entero a la disposición del instinto sexual reprimido. Parece como si el *yo* llevara demasiado lejos la represión,
no queriendo tampoco ver desde que las tendencias sexuales se han impuesto a la visión. Mas, por nuestra
parte, preferimos otra explicación que transfiere la actividad al otro instinto, a la tendencia sexual visual
reprimida. Este instinto reprimido se venga de la coerción opuesta a su desarrollo psíquico, intensificando su
dominio sobre el órgano puesto a su servicio. La pérdida
del dominio consciente del órgano es una sustitución
nociva de la represión fracasada, sólo a este precio posible.

Esta relación de los órganos de doble función con el *yo*
consciente con la sexualidad reprimida, se hace aun
más perceptible que en los órganos de la visión, en los
órganos motores; por ejemplo, cuando la mano que se
proponía llevar a efecto una agresión sexual queda in-
movilizada por una parálisis histérica y no puede ya
realizar movimiento ninguno, como si persistiera siempre
obstinadamente en la ejecución de aquella única inervación reprimida, o cuando los dedos de una persona que
se ha impuesto la renuncia a la masturbación se niegan
ya a ejecutar los ágiles movimientos exigidos por el pia-
no o el violín.

Con respecto al órgano visual, traducimos nosotros los
oscuros procesos psíquicos que presiden la represión del
placer sexual visual y la génesis de la perturbación psicógena de la visión, suponiendo que en el interior del
individuo se alza una voz punitiva que le dice: "Por
haber querido hacer un mal uso de tus ojos, utilizándo-
los para satisfacer tu sexualidad, mereces haber perdido
la vista", justificando así el desenlace del proceso. Inter-

viene también aquí, en cierto modo, la idea del Talión, resultando así que nuestra explicación de los trastornos visuales psicógenos coincide realmente con la que hallamos en mitos y leyendas. En la bella leyenda de lady Godiva, todos los vecinos se recluyen en sus casas y cierran sus ventanas para hacer menos penosa a la dama su exhibición, desnuda sobre un caballo, por las calles de la ciudad. El solo hombre que espía a través de las maderas de su ventana el paso de la desnuda belleza pierde, en castigo, la vista. No es éste el único ejemplo que nos hace sospechar que la neurosis encierra también la clave de la Mitología.

Se ha dirigido al psicoanálisis el injustificado reproche de conducir a teorías puramente psicológicas de los procesos sexuales. Y la acentuación del papel patógeno de la sexualidad, que no es, desde luego, un factor puramente psíquico, debería protegerla contra tal acusación. El psicoanálisis no olvida nunca que lo anímico reposa sobre lo orgánico, aunque no puede llevar su labor más que hasta esta base y no más allá. Así, está dispuesto a conceder y hasta a postular que no todos los trastornos visuales funcionales pueden ser psicógenos como los provocados por la represión del placer erótico visual. Cuando un órgano que sirve a ambos instintos intensifica su función erógena, son de esperar, en general, modificaciones de la excitabilidad y de la inervación, que se manifestarán como trastornos de la función del órgano al servicio del *yo*. Del mismo modo, cuando vemos que un órgano dedicado habitualmente a la percepción sensorial se conduce, por intensificación de su función erógena, como un genital, no excluiremos la posibilidad de modificaciones tóxicas del mismo. Para designar ambas clases de perturbaciones funcionales consiguientes a la intensificación de la significación erógena, o sea tanto las de origen fisiológico como las de origen tóxico, habremos de conservar, a falta de otro mejor, el antiguo nombre de "neurosis". Las perturbaciones neuróticas de la visión son, con respecto a las psicógenas, lo que en general las neurosis actuales a las psiconeurosis. Ahora bien: las perturbaciones psicógenas de la visión no se presentarán nunca sin aparecer acompañadas de otras neuróticas, y éstas, en cambio, sí pueden surgir aisladamente. Por desgracia, estos síntomas "neuróticos" han sido hasta hoy tan poco estudiados como poco comprendidos, pues no son inmediatamente accesibles al psicoanálisis, y los demás métodos de investigación han prescindido del punto de vista de la sexualidad.

Del psicoanálisis nace aún otra ruta mental orientada hacia la investigación orgánica. Podemos preguntarnos si el sojuzgamiento de los instintos sexuales parciales, impuesto por las influencias de la vida, es suficiente por sí solo para provocar los trastornos funcionales de los órganos o si han de preexistir, además, especiales circunstancias constitucionales que impulsen a los órganos a exagerar su papel erógeno y provoquen con ello la represión de los instintos. En estas circunstancias, tendríamos que estudiar la parte constitucional de la disposición a la adquisición de perturbaciones psicógenas y neuróticas.

Año 1910

8. Sobre los tipos de adquisición de la neurosis

En el presente estudio nos proponemos exponer, basándonos en la observación empírica, las modificaciones que deciden la emergencia de una enfermedad neurótica en los sujetos a ella predispuestos. Trátase, por tanto, en realidad, de las causas ocasionales en la enfermedad, más que de sus formas. La presente exposición conjunta de las causas patológicas ocasionales se diferencia de otras análogas en el hecho de referir todas las modificaciones enumeradas a la libido del individuo. El psicoanálisis hubo de revelarnos ya, en los destinos de la libido, el factor decisivo de la salud y la enfermedad nerviosa. Tampoco tenemos por qué dedicar en este estudio lugar ninguno al concepto de la disposición, pues la investigación psicoanalítica nos ha hecho posible señalar la génesis de la disposición neurótica en la evolución de la libido y referir los factores que en ella actúan a variedades con-

génitas de la constitución sexual y a influjos del mundo
exterior experimentados en la temprana infancia.

a)   La ocasión más próxima y más fácilmente comprobable y comprensible de la emergencia de una enfermedad neurótica hemos de verla en aquel factor exterior,
al que puede darse en general el nombre de interdicción.
El individuo conservaba la salud mientras su necesidad
de amor era satisfecha por un objeto real del mundo
exterior, y contrae una neurosis en cuanto pierde tal objeto y no encuentra una sustitución del mismo. La felicidad coincide aquí con la salud, y la desgracia, con la
neurosis. La curación depende, más que del médico, del
Destino, que puede ofrecer al sujeto una sustitución de
la satisfacción perdida.

Por tanto, la posibilidad de enfermar comienza para
este tipo —en el que hemos de incluir a la mayoría de
los hombres— con la abstinencia, circunstancia que nos
da la medida de la importancia de las restricciones culturales de la satisfacción en la causación de las neurosis.
La interdicción ejerce una influencia patógena, provocando el estancamiento de la libido y sometiendo al individuo a una prueba, consistente en ver cuánto tiempo
podrá resistir tal incremento de la tensión psíquica y
qué caminos elegirá para descargarse de ella. Ante la
interdicción real de la satisfacción no existen sino dos
posibilidades de mantenerse sano: transformar la tensión psíquica en una acción orientada hacia el mundo
exterior, que acabe por lograr de él una satisfacción real
de la libido, o renunciar a la satisfacción libidinosa, sublimar la libido estancada y utilizarla para alcanzar fines
distintos de los eróticos y ajenos, por tanto, a la prohibición. El hecho de que la desdicha no coincida realmente
con la neurosis, y el de que la interdicción no sea el
único factor que decida sobre la salud y la enfermedad

del individuo a ella sujeto, nos indica que ambas posibilidades tienen efecto real en los destinos de los hombres. El efecto inmediato de la interdicción es el de despertar la actividad de los factores dispositivos, ineficaces hasta entonces.

Cuando tales factores se hallan intensamente desarrollados surge el peligro de que la libido quede *introvertida*[1]. Se aparta de la realidad, a la cual despoja la interdicción de todo su valor, y se orienta hacia la vida de la fantasía, en la que crea nuevos deseos y reanima las huellas de deseos anteriores olvidados. A consecuencia de la íntima relación de la actividad imaginativa con el material infantil reprimido e inconsciente, existente en todo individuo, y merced al régimen de excepción del que goza la vida imaginativa con respecto a la "prueba de la realidad", la libido puede retroceder aún más atrás, encontrar regresivamente caminos infantiles y tender a los fines a ellos correspondientes. Cuando estas tendencias, incompatibles con el estado actual de la individualidad, adquieren suficiente intensidad, surge el conflicto entre ellas y la otra parte de la personalidad que ha permanecido en contacto con la realidad. Este conflicto se resuelve en una producción de síntomas, desenlazándose así con la emergencia de una enfermedad manifiesta. El hecho de haber tenido todo este proceso su punto de partida en la interdicción real se refleja una vez más en la circunstancia de que aquellos síntomas con los cuales se alcanza de nuevo el terreno de la realidad no son sino satisfacciones sustitutivas.

b) El segundo tipo de la causa ocasional de la enfermedad no es en modo alguno tan evidente como el primero, y sólo pudo ser descubierto por medio de penetrantes estudios analíticos, enlazados a la teoría de los complejos de la escuela de Zurich. El individuo no enferma aquí a consecuencia de una modificación del mundo exterior, que sustituye la prohibición a la satisfacción, sino a consecuencia de un esfuerzo interior para lograr la satisfacción accesible a la realidad. Enferma a consecuencia de una tentativa de adaptarse a la realidad y cumplir las exigencias reales, labor a la cual se oponen en él invencibles obstáculos internos.

Es conveniente diferenciar con toda exactitud estos dos tipos, con mayor precisión, desde luego, de la que la observación nos ofrece. En el primer tipo hallamos, ante todo, una modificación del mundo exterior, y en el segundo, una modificación interna. Según el tipo primero, se enferma a consecuencia de un suceso; según el segundo, a consecuencia de un proceso evolutivo. En el primer caso se plantea el problema de renunciar a la satisfacción, y el individuo enferma a causa de su incapacidad de resistencia; en el segundo caso, el problema planteado es el de cambiar una satisfacción por otra, y el sujeto fracasa en esta labor a causa de su propia falta de flexibilidad. En el segundo caso, el conflicto aparece planteado entre la tendencia del sujeto a continuar siendo idéntico a sí mismo y la de transformarse conforme a nuevas intenciones y nuevas exigencias de la realidad; en el caso primero no surge hasta que la libido ha elegido otras posibilidades de satisfacción, que resultan incompatibles. El papel del conflicto y de la fijación anterior de la libido son en el segundo tipo mucho menos evidentes que en el primero, en el cual tales fijaciones inutilizables sólo pueden surgir a consecuencia de la interdicción exterior.

Un joven, que ha venido satisfaciendo su libido por medio de fantasías, cuyo desenlace era la masturbación, y que quiere ahora permutar este régimen, cercano al autoerotismo, por la elección real de objeto. Una muchacha, que ha ofrendado todo su cariño al padre o al hermano, y que al ser pretendida por un hombre deberá transformar en conscientes sus deseos libidinosos, hasta entonces incestuosos e inconscientes. Una mujer que quisiera renunciar a sus tendencias polígamas y a sus fantasías de prostitución para constituirse en fiel compañera de su marido y madre intachable de su hijo. Todos estos sujetos enferman a causa de tan loables aspiraciones cuando las fijaciones anteriores de su libido son suficientemente fuertes para oponerse a un desplazamiento, actuando de nuevo aquí con carácter decisivo la disposición constitucional y las experiencias infantiles. Sufren, por decirlo así, el destino de aquel arbolito de la conocida fábula de Grimm que quiso tener otras hojas. Desde el punto de vista higiénico, que naturalmente no es el único al que aquí hemos de atender, habríamos de limitarnos a desearles que continuaran siendo tan faltos de desarrollo, tan inferiores y tan inútiles como lo eran antes de su enfermedad. La modificación a que tienden los enfermos, pero que no logran en absoluto o sólo muy incompletamente, supone regularmente un progreso en el sentido de la vida real. No sucede así desde el punto de vista ético.

Vemos, en efecto, que los hombres enferman con igual frecuencia cuando se apartan de un ideal que cuando se esfuerzan en alcanzarlo.

Fuera de estas diferencias, los dos tipos de adquisición de la enfermedad arriba descritos coinciden en lo esencial y pueden ser fácilmente fundidos en uno solo. La adquisición de la enfermedad a causa de la interdicción queda también integrada en el punto de vista de la incapacidad de adaptación a la realidad en aquellos casos en los que la realidad niega la satisfacción de la libido. La adquisición de la enfermedad bajo las circunstancias del segundo tipo nos conduce directamente a un caso especial de la interdicción. La realidad no niega en él toda satisfacción, pero sí aquella que el individuo declara ser la única posible para él, y la interdicción no parte directamente del mundo exterior, sino primariamente de ciertas tendencias del *yo*, aunque siga siendo, de todos modos, el factor común y principal. A consecuencia del conflicto que surge inmediatamente en el segundo tipo, las dos clases de satisfacción, tanto la habitual como aquella otra a la cual aspira el individuo, quedan igualmente coartadas, constituyéndose, como en el primer tipo, un estancamiento de la libido con todas sus consecuencias.

Los procesos psíquicos, conducentes a la producción de síntomas, resultan más claramente visibles en el segundo tipo, puesto que las fijaciones patógenas existían ya de antemano y no han tenido que constituirse.

En la mayoría de los casos existía ya una cierta introversión de la libido, y el hecho de que la evolución no haya recorrido aún todo su camino ahorra una parte de la regresión a lo infantil.

c) El tipo siguiente, que describiremos con el nombre de adquisición de la enfermedad por *coerción de la evolución*, se nos muestra como una exageración del segundo tipo, o sea de la adquisición a causa de las *exigencias de la realidad.* Su diferenciación no responde a una necesidad teórica, pero sí a poderosos motivos prácticos, pues se trata de personas que enferman en cuanto traspasan la edad de la irresponsabilidad infantil, no habiendo alcanzado, por tanto, nunca una fase de salud; esto es, de una completa capacidad funcional y de goce. La parte esencial del proceso de la disposición se transparenta claramente en estos casos. La libido no ha abandonado nunca las fijaciones infantiles; las exigencias de la realidad no quedan planteadas de una vez al individuo total o parcialmente llegado a la maduración, sino que van emergiendo paralelamente al curso de su vida, variando, naturalmente, de continuo con la edad del sujeto. El conflicto cede su puesto a la insuficiencia; pero nuestra experiencia general nos fuerza a suponer también en estos casos una tendencia a dominar las fijaciones infantiles, pues en caso contrario el desenlace del proceso no sería nunca la neurosis, sino tan sólo un infantilismo estacionario.

d) Del mismo modo que el tercer tipo hubo de presentarnos casi aislada la disposición, el cuarto nos señala en primer término otro factor, cuya acción puede comprobarse en todos los casos, no siendo, por tanto, difícil confundirlo con otros. Vemos, en efecto, enfermar a individuos que venían gozando de plena salud, que no han visto alterada su vida por suceso ninguno nuevo y cuyas relaciones con el mundo exterior no han experimentado modificación alguna; de manera que la adquisición de la enfermedad parece presentar en ellos un carácter espontáneo. Pero al examinar con mayor detención tales casos, acabamos por descubrir la existencia de una modificación a la que hemos de atribuir máxima importancia en la adquisición de la enfermedad. A consecuencia de haber alcanzado el sujeto cierto período de su vida, y en conexión con determinados procesos biológicos regulares, la *cantidad* de libido integrada en su economía psíquica ha experimentado un incremento, suficiente por sí solo para trastornar el equilibrio de la salud y establecer las condiciones de la neurosis. Como es sabido, este incremento de la libido, generalmente repentino, se enlaza con regularidad a la pubertad, a la menopausia y a determinadas edades de la mujer, pudiendo darse también en algunos sujetos otras periodicidades desconocidas. El factor primario es aquí el estancamiento de la libido, el cual se hace patógeno a con-

secuencia de la interdicción *relativa,* impuesta por el
mundo exterior, que habría permitido la satisfacción de
aspiraciones libidinosas menos intensas. La libido, insatisfecha y estancada, puede forzar entonces los caminos de la regresión y provocar los mismos conflictos
que la interdicción externa absoluta. Se nos advierte
así la imposibilidad de prescindir del factor cuantitativo
en la investigación de las causas ocasionales de la neurosis. Todos los demás factores, la interdicción, la fijación y la coerción del desarrollo, permanecen ineficaces
mientras no actúan sobre la libido, provocando su estancamiento y elevando en cierta medida su nivel. Esta
magnitud de la libido, que nos parece imprescindible
para provocar una acción patógena, no es, desde luego,
mensurable, y sólo nos es posible postularla una vez surgido el resultado patológico. Sólo en un sentido podemos determinarla más precisamente. Podemos suponer
que no se trata de una cantidad absoluta, sino de la
proporción entre el conjunto eficiente de libido y aquella
cantidad de libido que el *yo* individual puede dominar;
esto es, mantener en tensión, sublimar o utilizar directamente. De este modo un incremento relativo de la
cantidad de la libido podrá provocar los mismos efectos
que un incremento absoluto. Una debilitación del *yo,*
consecutiva a una enfermedad orgánica o motivada por
una tensión de todas sus energías, podrá, pues, provocar
la emergencia de neurosis, que de otro modo hubieran
permanecido latentes, a pesar de la disposición.

La importancia que hemos de reconocer a la cantidad
de libido en la causación de la enfermedad coincide a
maravilla con dos de los principios analíticos de la teoría de las neurosis. En primer lugar, con el de que las
neurosis nacen del conflicto entre el *yo* y la libido, y en
segundo, con el que afirma que entre las condiciones de
la salud y las de la neurosis no existe diferencia cuali-

tativa alguna, resultando que los sanos han de luchar también por alcanzar el dominio sobre su libido, si bien lo consiguen más perfectamente.

Sólo nos quedan ya por decir algunas palabras sobre la relación de los tipos descritos con nuestra experiencia clínica.

Considerando la serie de enfermos cuyo análisis nos ocupa actualmente, he de concluir que ninguno de ellos corresponde a uno de tales tipos de adquisición en forma pura. En todos ellos puede comprobarse más bien la acción conjunta de la interdicción, la incapacidad de adaptación a las exigencias de la realidad y la coerción de la evolución. Por último, y como ya indicamos antes no puede prescindirse en ningún caso de los efectos de la cuantía de libido. He comprobado también que en muchos de mis pacientes la enfermedad había surgido en distintas fases, separadas por intervalos de salud, y que cada una de estas fases podía referirse a un tipo distinto de adquisición. Así, pues, la diferenciación de los cuatro tipos descritos no tiene gran valor teórico. Trátase tan sólo de los distintos caminos conducentes a la constitución de cierta constelación patógena en la economía anímica, o sea de un estancamiento de la libido, contra el cual el *yo* no posee medios suficientes para defenderse sin sufrir algún daño. Pero la situación misma sólo se hace patógena a consecuencia de un factor cuantitativo, no constituye en modo alguno una novedad para la vida anímica, ni ha sido creada por la emergencia de una "causa patológica".

En cambio, sí reconocemos a nuestra diferenciación cierto valor práctico. Los tipos descritos aparecen algunas veces en forma pura. El tercero y el cuarto no hubieran atraído nunca nuestra atención si no hubieran constituido para algunos individuos la única causa ocasional de su enfermedad. El primer tipo nos revela el poderoso influjo del mundo exterior, y el segundo, la influencia, no menos importante, de la idiosincrasia del individuo, que se opone a tal influjo. La Patología no podía resolver el problema de las causas ocasionales de las neurosis mientras hubo de limitarse simplemente a investigar si tales afecciones eran de naturaleza *endógena* o *exógena*. A todas las observaciones que señalan la importancia de la abstinencia (en su más amplio sentido) como causa ocasional había de oponerles la objeción de que muchas personas soportaban sin enfermar los mismos destinos. Pero si quería considerar como factor esencial de la salud o la enfermedad la idiosincrasia del individuo, tropezaba con el hecho de que muchos individuos, dotados de una idiosincrasia desfavorable, podían mantenerse perfectamente sanos mientras les era permitido conservarla. El psicoanálisis nos ha conducido a prescindir de las estériles antítesis establecidas entre los factores externos y los internos, entre el destino del individuo y su constitución, y nos ha enseñado a ver la causa de la adquisición de las neurosis en una determinada situación psíquica, susceptible de ser establecida por diversos caminos.

Año 1912

9. La disposición a la neurosis obsesiva. Una aportación al problema de la elección de neurosis

El problema de por qué y cómo contrae un hombre una neurosis es, ciertamente, uno de los que el psicoanálisis habrá de resolver. Pero es muy probable que esta solución tenga como premisa la de otro problema, menos amplio, que nos plantea la interrogación de por qué tal o cuál persona ha de contraer, precisamente, una neurosis determinada. Es éste el problema de la elección de neurosis.

¿Qué sabemos hasta ahora sobre esta cuestión? En realidad, sólo hemos podido establecer seguramente un único principio. En las causas patológicas de la neurosis distinguimos dos clases: aquellas que el hombre trae consigo a la vida —causas constitucionales— y aquellas otras que la vida le aporta —causas accidentales—, siendo precisa, por lo general, la colaboración de ambos órdenes de causas para que surja la neurosis. Ahora bien: el principio antes enunciado afirma que la elección de la neurosis depende por completo de las causas constitucionales, o sea de la naturaleza de las disposiciones, careciendo, en cambio, de toda relación con los sucesos patógenos vividos por el individuo.

¿Dónde buscamos el origen de estas disposiciones? Hemos advertido que las funciones psíquicas que en este punto hemos de tener en cuenta —ante todo la función sexual, pero también diversas funciones importantes del *yo*— han de atravesar una larga y complicada evolución hasta llegar a su estado característico en el adulto normal. Suponemos ahora que estas evoluciones no se han desarrollado siempre tan irreprochablemente que la función total haya experimentado sin defecto alguno la correspondiente modificación progresiva. Allí donde una parte de dicha función ha permanecido retrasada en un estado anterior, queda creado lo que llamamos un "lugar de fijación", al cual puede retroceder luego la función en caso de enfermedad por perturbación exterior.

Nuestras disposiciones son, pues, inhibiciones de la evolución. La analogía con los hechos de la patología general de otras enfermedades nos confirma en esta opinión. Mas al llegar al tema de cuáles son los factores que pueden provocar tales perturbaciones de la evolución, la labor psicoanalítica hace alto y abandona este problema a la investigación biológica [1].

Con ayuda de estas hipótesis, nos atrevimos hace ya algunos años a enfrentarnos con el problema de la elección de neurosis. Nuestro método de investigación, consistente en deducir las circunstancias normales precisamente de sus perturbaciones, nos condujo a elegir un punto de ataque especialísimo e inesperado. El orden en el cual se exponen, generalmente, las formas principales de las psiconeurosis —histeria, neurosis obsesiva, pa-

ranoia, demencia precoz— corresponde (aunque no con
absoluta exactitud) al orden temporal de la aparición
de estas afecciones en la vida humana. Las formas patológicas histéricas pueden ser observadas ya en la primera
infancia; la neurosis obsesiva revela, por lo corriente,
sus primeros síntomas en el segundo período de la niñez (entre los seis y los ocho años); por último, las otras
dos psiconeurosis, reunidas por mí bajo el nombre común de parafrenias, no emergen hasta después de la
pubertad y en la edad adulta. Estas afecciones más tardías son las que primero se han hecho accesibles a nuestra investigación de las disposiciones conducentes a la
elección de neurosis. Los singulares caracteres peculia-
res a ambas —el delirio de grandezas, el apartamiento
del mundo de los objetos y la dificultad de conseguir la
transferencia— nos han impuesto la conclusión de que
su fijación dispositiva ha de ser buscada en un estadio
de la evolución de la libido anterior a la elección de objeto, o sea en la fase del autoerotismo y el narcisismo.
Tales formas patológicas tardías se referirían, pues a
coerciones y fijaciones muy tempranas.

Parecía, por tanto, que la disposición a la histeria y
a la neurosis obsesiva, las dos neurosis de transferencia
propiamente dichas, con temprana producción de síntomas, habría de buscarse en fases aún anteriores de la
evolución de la libido. Pero ¿en qué habría de consistir aquí la coerción de la evolución y, sobre todo, cuál
podría ser la diferencia de fases que determinara la disposición a la neurosis obsesiva, en contraposición a la
histeria? Pasó mucho tiempo sin que nos fuera posible
averiguar nada sobre estos extremos y hube de abandonar, por estériles, mis tentativas anteriormente iniciadas
para determinar tales dos disposiciones, suponiendo que
la histeria se hallaba condicionada por la pasividad, y

la neurosis obsesiva por la actividad del sujeto, en sus experiencias infantiles.

Retornaremos, pues, al terreno de la observación clínica individual. Durante un largo período de tiempo he estudiado a una enferma cuya neurosis había seguido una trayectoria desacostumbrada. Comenzó, después de un suceso traumático, como una franca histeria de angustia y conservó este carácter a través de algunos años. Pero un día se transformó de pronto en una neurosis obsesiva de las más graves. Tal caso había de ser muy significativo en más de un aspecto. Por un lado, podía aspirar al valor de un documento bilingüe y mostrar cómo un mismo contenido era expresado por cada una de ambas neurosis en un lenguaje diferente. Por otro, amenazaba contradecir nuestra teoría de la disposición por coerción de la evolución, si no queríamos decidirnos a aceptar que una persona podía traer consigo a la vida más de un único punto débil en la evolución de la libido. No creía yo que hubiera motivo alguno para rechazar esta última posibilidad; pero, de todos modos, esperaba con extraordinario interés la solución del caso patológico planteado.

Al llegar a ella en el curso del análisis hube de reconocer que el proceso patógeno se apartaba mucho de la trayectoria por mí supuesta. La neurosis obsesiva no era una nueva reacción al mismo trauma que había provocado primero la histeria de angustia, sino a un segundo suceso que había quitado al primero toda su importancia. (Tratábase, pues, de una excepción —discutible aún, de todos modos— de aquel principio, antes expuesto, en el que afirmamos que la elección de neurosis era totalmente independiente de los sucesos vividos por el sujeto.)

Desgraciadamente, no me es posible exponer —por motivos evidentes— el historial clínico de este caso con todo el detalle que quisiera. Me limitaré, pues, a las

indicaciones que siguen. La paciente había sido, hasta
su enfermedad, una mujer feliz, casi por completo satisfecha. Abrigaba un ardiente deseo de tener hijos —motivado por la fijación de un deseo infantil— y enfermó
al averiguar que su marido, al que quería mucho, no
podía proporcionarle descendencia. La histeria de angustia con la que reaccionó a esta privación correspondía,
como la misma paciente aprendió pronto a comprender, a
la repulsa de las fantasías de tentación, en las que emer-
gía su deseo de tener un hijo. Hizo todo lo posible por
no dejar adivinar a su marido que su enfermedad era
una consecuencia de la privación a él imputable. Pero
no hemos afirmado sin buenas razones que todo hombre
posee en su propio inconsciente un instrumento con el
que puede interpretar las manifestaciones de lo inconsciente en los demás; el marido comprendió, sin necesidad de confesión ni explicación algunas, lo que significa-
ba la angustia de su mujer; sufrió, sin demostrarlo tampoco, una gran pesadumbre, y reaccionó, a su vez, en
forma neurótica, fallándole por vez primera en su matrimonio la potencia genital al intentar el coito. Inmediatamente emprendió un viaje. La mujer creyó que el
marido había contraído una impotencia duradera, y la
víspera de su retorno produjo los primeros síntomas
obsesivos.

El contenido de su neurosis consistía en una penosa
obsesión de limpieza y en enérgicas medidas preventivas
contra los daños con que su propia imaginaria maldad
amenazaba a los demás, o sea en productos de una reacción contra impulsos *erótico-anales y sádicos*. Estas fueron las formas en que hubo de manifestarse su necesidad
sexual al quedar totalmente desvalorizada su vida genital
por la impotencia del marido, único hombre posible
para ella.

A este punto se enlaza nuestro pequeño avance teó-

rico, que sólo en apariencia se basa sobre esta única observación, pues en realidad reúne una gran cantidad de
impresiones anteriores, de las cuales sólo después de
esta última pudo deducirse un conocimiento. Resulta,
pues, que nuestro esquema del desarrollo de la función
libidinosa precisa de una nueva interpolación. Al principio distinguimos tan sólo la fase del autoerotismo, en
la cual cada uno de los instintos parciales busca, independientemente de los demás, su satisfacción en el propio
cuerpo del sujeto, y luego, la síntesis de todos los instintos parciales, para la elección de objeto, bajo la primacía de los genitales y en servicio de la reproducción.
El análisis de las parafrenias nos obligó, como es sabido, a interpolar entre aquellos elementos un estadio de
narcisismo, en el cual ha sido ya efectuada la elección
del objeto, pero el objeto coincide todavía con el propio
yo. Ahora vemos la necesidad de aceptar, aun antes de
la estructuración definitiva, un nuevo estadio, en el cual
los instintos parciales aparecen ya reunidos para la elección de objeto, y éste es distinto de la propia persona;
pero la *primacía de las zonas genitales no se halla aún
establecida*. Los instintos parciales que dominan esta
organización *pregenital* de la vida sexual son, más bien,
los erótico-anales y los sádicos.

Sé muy bien que toda afirmación de este orden despierta en un principio desconfianza y extrañeza. Sólo
después de descubrir sus relaciones con nuestros conocimientos anteriores llegamos a familiarizarnos con ella,
y muchas veces acaba por no parecernos sino una insignificante innovación, sospechada desde muy atrás. Inicia-
remos, pues, con igual esperanza, la discusión de la
"ordenación sexual pregenital".

a)   El importantísimo papel que los impulsos de odio
y erotismo anal desempeñan en la sintomatología de la

· neurosis obsesiva ha sido observado ya por muchos investigadores, habiendo sido objeto últimamente de un penetrante estudio por parte de E. Jones. Así resulta también de nuestra afirmación, en cuanto tales instintos parciales son los que han vuelto a arrogarse en la neurosis la representación de los instintos genitales, a los que precedieron en la evolución.

En este punto viene a insertarse una parte del historial patológico de nuestro caso, a la que aún no nos hemos referido. La vida sexual de la paciente comenzó en la más tierna edad infantil con fantasías sádicas de flagelación. Después de la represión de estas fantasías se inició un período de latencia, que se prolongó más de lo corriente, y en el cual alcanzó la muchacha un alto desarrollo moral, sin que despertase en ella la sensibilidad sexual femenina. Con su temprano matrimonio se inició para ella un período de actividad sexual normal, felizmente prolongado a través de una serie de años, hasta que la primera gran privación (el conocimiento de que su marido no podría darle hijos) trajo consigo la neurosis histérica. La subsiguiente desvalorización de su vida genital provocó la regresión de su vida sexual a la fase infantil del sadismo.

No es difícil determinar el carácter en que este caso de neurosis obsesiva se diferencia de aquellos otros, mucho más frecuentes, que comienzan en años más tempranos y transcurren luego en forma crónica, con exacerbaciones más o menos visibles. En estos otros casos, una vez establecida la organización sexual que contiene la disposición a la neurosis obsesiva, no es ya superada jamás; en nuestro caso ha sido sustituida por la fase evolutiva superior y vuelta luego a activar, por regresión, desde esta última.

b) Si queremos relacionar nuestra hipótesis con los hechos biológicos, no habremos de olvidar que la antítesis de masculino y femenino, introducida por la función reproductora, no puede existir aún en la fase de la elección pregenital de objeto. En su lugar hallamos la antítesis constituida por las tendencias de fin activo y las de fin pasivo, la cual irá luego a soldarse con la de los sexos. La actividad es aportada por el instinto general de aprehensión, al que damos el nombre de sadismo cuando lo hallamos al servicio de la función sexual, y que también está llamado a prestar importantes servicios auxiliares en la vida sexual normal plenamente desarrollada. La corriente pasiva es alimentada por el erotismo anal, cuya zona erógena corresponde a la antigua cloaca indiferenciada. La acentuación de este erotismo anal en la fase pregenital de la organización dejará en el hombre una considerable predisposición a la homosexualidad, al ser alcanzada la fase siguiente de la función sexual, o sea la de la primacía de los genitales. La superposición de esta última fase a las anteriores y la modificación consiguiente de las cargas de libido plantean a la investigación analítica los más interesantes problemas.

Se puede esperar eludir todas las dificultades y complicaciones aquí emergentes negando la existencia de una organización pregenital de la vida sexual y haciendo coincidir y comenzar esta última con la función genital y reproductora. De las neurosis se diría entonces, teniendo en cuenta los inequívocos resultados de la investigación analítica, que el proceso de la represión sexual las forzaba a expresar tendencias sexuales por medio de otros instintos no sexuales, o sea a sexualizar estos últimos por vía de compensación. Pero al obrar así abandona la observación el terreno psicoanalítico, para volverse a situar en el punto en que se hallaba antes del psicoanálisis, debiendo, por tanto, renunciar a la comprensión, por ella lograda, de la relación entre la salud, la perversión y la neurosis. El psicoanálisis exige el reconocimiento de los instintos sexuales parciales de las zonas erógenas y de la ampliación así establecida del concepto de "función sexual", en oposición al más estrecho de "función genital". Pero, además, la observación de la evolución normal del niño basta para rechazar tal tentación.

c) En el terreno del desarrollo del carácter hallamos las mismas energías instintivas cuya actuación descubrimos en las neurosis. Pero hay un hecho que nos permite establecer entre uno y otro caso una precisa distinción teórica. En el carácter falta algo peculiar, en cambio, al mecanismo de las neurosis: el fracaso de la represión y el retorno de lo reprimido. En la formación del carácter, la represión o no interviene para nada o alcanza por completo su fin de sustituir lo reprimido por productos de reacción o sublimaciones. De este modo, los procesos de la formación del carácter son mucho menos transparentes y accesibles al análisis que los neuróticos.

Pero precisamente en el terreno de la evolución del carácter hallamos algo comparable al caso patológico antes descrito: una intensificación de la organización sexual pregenital sádica y erótico-anal. Es sabido, y ha dado ya mucho que lamentar a los hombres, que el carácter de las mujeres suele cambiar singularmente al sobrevenir la menopausia y poner un término a su función genital. Se hacen regañonas, impertinentes y obstinadas, mezquinas y avaras, mostrando, por tanto, típicos rasgos sádicos y erótico-anales, ajenos antes a su carácter. Los comediógrafos y los autores satíricos de todas las épocas han hecho blanco de sus invectivas a estas "viejas gruñonas", último avatar de la muchacha ado-

rable, la mujer amante y la madre llena de ternura. Por
nuestra parte, comprendemos que esta transformación
del carácter corresponde a la regresión de la vida sexual
a la fase pregenital sádico-anal, en la cual hemos hallado la disposición a la neurosis obsesiva. Esta fase sería,
pues, no sólo precursora de la genital, sino también, en
muchos casos, sucesora y sustitución suya, una vez que
los genitales han cumplido su función.

La comparación de tal modificación del carácter con
la neurosis obsesiva es interesantísima. En ambos casos
nos hallamos ante un proceso regresivo. En el primero,
regresión completa después de una acabada represión
(o yugulación); en el segundo —el de la neurosis—
conflicto, esfuerzo por detener la regresión, formación
de productos de reacción contra la misma y de síntomas
por transacción entre ambas partes, y disociación de las
actividades psíquicas en capaces de conciencia e inconscientes.

d) Nuestro postulado de una organización sexual
pregenital resulta incompleto en dos aspectos. En primer
lugar, se limita a hacer resaltar la primacía del sadismo
y del erotismo anal, sin atender a la conducta de otros
instintos parciales, que habrían de integrar algo digno
de investigación y mención. Sobre todo, el instinto de
saber nos da la impresión de poder sustituirse al sadismo en el mecanismo de la neurosis obsesiva, siendo realmente, en el fondo, una hijuela sublimada y elevada
a lo intelectual del instinto de aprehensión. Su repulsa a
la forma de la duda ocupa en el cuadro de la neurosis
obsesiva un importante lugar.

La segunda insuficiencia es más importante. Para referir a una trayectoria histórico-evolutiva la disposición
a una neurosis es necesario tener en cuenta la fase de la
evolución del *yo,* en la que surge la fijación, tanto

como la de la evolución de la libido. Pero nuestro postulado no se ha referido más que a esta última y, por
tanto, no contiene todo el conocimiento que podemos
exigir. Los estadios evolutivos de los instintos del *yo* nos
son hasta ahora muy poco familiares. No conozco sino
una sola tentativa, muy prometedora, de acercarse a estos
problemas: la llevada a cabo por Ferenczi en su estudio
sobre el sentido de la realidad[2]. No sé si parecerá muy
atrevido afirmar, guiándonos por los indicios observados,
que la anticipación temporal de la evolución del *yo* a la
evolución de la libido ha de integrarse también entre
los factores de la disposición a la neurosis obsesiva. Tal
anticipación obligaría, por la acción de los instintos del
yo, a la elección del objeto en un período en que la
función sexual no ha alcanzado aún su forma definitiva,
dando así origen a una fijación en la fase del orden sexual pregenital. Si reflexionamos que los neuróticos obsesivos han de desarrollar una supermoral para defender
su amor objetivado contra la hostilidad acechante detrás de él, nos inclinaremos a considerar como típica en
la naturaleza humana cierta medida de tal anticipación
de la evolución del *yo* y a encontrar basada la facultad de
la génesis de la moral en el hecho de que, después de
la evolución, es el odio el precursor del amor. Quizá es
éste el sentido de una frase de W. Stekel, que me pareció
en un principio incomprensible, y en la que se afirma
que el sentimiento primario entre los hombres es el odio
y no el amor.

e) Con respecto a la histeria, queda aún por indicar
su íntima relación con la última fase del desarrollo de
la libido, caracterizada por la primacía de los genitales
y la introducción de la función reproductora. Este progreso sucumbe en la neurosis histérica a la represión, a
la cual no se enlaza una regresión a la fase pregenital.

La laguna resultante en la determinación de la disposición, a causa de nuestro desconocimiento de la evolución del *yo*, se hace aquí aún más sensible que en la neurosis obsesiva.

En cambio, no es difícil comprobar que también corresponde a la histeria una distinta regresión a un nivel anterior. La sexualidad del sujeto infantil femenino se encuentra, como ya sabemos, bajo el imperio de un órgano directivo masculino (el clítoris) y se conduce en muchos aspectos como la del niño. Un último impulso de la evolución, en la época de la pubertad, tiene que desvanecer esta sexualidad masculina y elevar a la categoría de zona erógena dominante la vagina, derivada de la cloaca. Pero es muy corriente que en la neurosis histérica de las mujeres tenga efecto una reviviscencia de esta sexualidad masculina reprimida, contra la cual se dirige luego una lucha de defensa por parte de los instintos aliados del *yo*. Pero me parece prematuro iniciar en este punto la discusión de los problemas de la disposición histérica.

Año 1913

Hace algunos años un conocido abogado solicitó mi
dictamen sobre un caso que le ofrecía algunas dudas.
Una señorita había acudido a él en demanda de protec-
ción contra las persecuciones de que era objeto por parte
de un hombre con el que había mantenido relaciones
amorosas. Afirmaba que dicho individuo había abusado
de su confianza en él para hacer tomar por un espectador
oculto fotografías de sus tiernas citas de amor, pudiendo
ahora exhibir tales fotografías y desconceptuarla, a fin
de obligarla a dejar su colocación. El abogado poseía experiencia suficiente para vislumbrar el carácter morboso
de tal acusación; pero opinaba que en la vida ocurren
muchas cosas que juzgamos increíbles, y estimaba que el
dictamen de un psiquíatra podía ayudarle a desentrañar
la verdad. Después de ponerme en antecedentes del caso,

quedó en volver a visitarme acompañado de la demandante.

Antes de continuar mi relato quiero hacer constar que he alterado en él, hasta hacerlo irreconocible, el medio en el que se desarrolló el suceso cuya investigación nos proponemos, pero limitando estrictamente a ello la obligada deformación del caso. Me parece, en efecto, una mala costumbre deformar, aunque sea por los mejores motivos, los rasgos de un historial patológico, pues no es posible saber de antemano cuál de los aspectos del caso será el que atraiga preferentemente la atención del lector de juicio independiente, y se corre el peligro de inducir a este último a graves errores.

La paciente, a la que conocí poco después, era una mujer de treinta años, dotada de una belleza y un atractivo nada vulgares. Parecía mucho más joven de lo que reconocía ser y se mostraba delicadamente femenina. Con respecto al médico, adoptaba una actitud defensiva, sin tomarse el menor trabajo por disimular su desconfianza. Obligada por la asistencia de su abogado a nuestra entrevista, me relató la siguiente historia, que me planteó un problema del que más adelante habré de ocuparme. Ni su expresión ni sus manifestaciones emotivas denotaban la violencia que hubiera sido de esperar en ella al verse forzada a exponer sus asuntos íntimos a personas extrañas. Se hallaba exclusivamente dominada por la preocupación que habían despertado en su ánimo aquellos sucesos.

Desde años atrás estaba empleada en una importante empresa, en la que desempeñaba un cargo de cierta responsabilidad a satisfacción completa de sus jefes. No se había sentido nunca atraída por amoríos ni noviazgos y vivía tranquilamente con su anciana madre cuyo único sostén era. Carecía de hermanos, y el padre había muerto hacía muchos años. En la última época se había acercado a ella otro empleado de la misma casa, hombre muy culto y atractivo, al que no pudo negar sus simpatías. Circunstancias de orden exterior hacían imposible un matrimonio; pero el hombre rechazaba la idea de renunciar por tal imposibilidad a la unión sexual, alegando que sería insensato sacrificar a una mera convención social algo por ambos deseado, a lo cual tenían perfecto derecho, y que sólo podía hacer más elevada y dichosa su vida. Ante su promesa de evitarle todo peligro, accedió, por fin, nuestra sujeto a visitar a su enamorado en su pisito de soltero. Después de mutuos besos y abrazos, se hallaba ella en actitud abandonada, que permitía admirar parte de sus bellezas, cuando un ruidito seco vino a sobresaltarla. Dicho ruido parecía haber partido del lugar ocupado por la mesa del despacho, colocada oblicuamente ante la ventana. El espacio libre entre ésta y la mesa se hallaba velado en parte por una pesada cortina. La sujeto contaba haber preguntado en el acto a su amigo la significación de aquel ruido, que el interrogado atribuyó a un reloj colocado encima de la mesa. Por mi parte, me permitiré enlazar más adelante con esta parte del relato una determinada observación.

Al salir la sujeto de casa de su amigo encontró en la escalera a dos individuos que murmuraron algo a su paso. Uno de estos desconocidos llevaba un paquete de la forma de una cajita. Este encuentro la impresionó, y ya en el camino hacia su casa elaboró la combinación de que aquella cajita podía muy bien haber sido un aparato fotográfico; el individuo, un fotógrafo, que durante su estancia en la habitación de su amigo había permanecido oculto detrás de la cortina, y el ruidito por ella advertido, el del obturador de la máquina al ser sacada la fotografía una vez que su enamorado hubo establecido la situación comprometedora que quería fijar en la placa. A partir de aquí no hubo ya medio de desvanecer sus sospechas contra su amigo, al que persiguió de palabra y por escrito con la demanda de una explicación que tranquilizara sus temores, oponiendo ella, por su parte, la más absoluta incredulidad a sus afirmaciones sobre la sinceridad de sus sentimientos y la falta de fundamento de aquellas sospechas. Por último, acudió al abogado, le relató su aventura y le entregó las cartas que con tal motivo había recibido del querellado. Posteriormente pude leer alguna de estas cartas, que me produjeron la mejor impresión; su contenido principal era el sentimiento de que un acuerdo amoroso tan bello hubiese quedado destruido por aquella "desdichada idea enfermiza".

No creo necesario justificar mi opinión, favorable al acusado. Pero el caso presentaba para mí un interés distinto del puro diagnóstico. En los estudios psicoanalíticos se había afirmado que el paranoico luchaba contra una intensificación de sus tendencias homosexuales, lo cual indicaba en el fondo una elección narcisista de objeto, afirmándose, además, que el perseguidor era, en último término, la persona amada o antiguamente amada. De la reunión de ambos asertos resulta que el perseguidor habrá de pertenecer al mismo sexo que el perseguido. Cierto es que no habíamos atribuido una validez general y sin excepciones a este principio de la homosexualidad como condición de la paranoia; pero lo que nos había retenido había sido tan sólo la consideración de no haber contado todavía con un número suficiente de observaciones. Por lo demás, tal principio pertenecía a aquellos que a causa de ciertas relaciones sólo adquieren plena significación cuando pueden aspirar a una validez general. En la literatura psiquiátrica no faltan ciertamente casos en los cuales el enfermo se creía perseguido por personas de otro sexo; pero la lectura de tales casos no producía, desde luego, la misma impresión que el verse directamente ante uno de ellos. Todo aquello que mis amigos y yo habíamos podido observar y analizar había confirmado sin dificultades la relación de la paranoia con la homosexualidad. En cambio, el caso que nos ocupa contradecía abiertamente tal hipótesis. La joven parecía rechazar el amor hacia un hombre, convirtiéndole en su perseguidor, sin que existiera el menor indicio de una influencia femenina ni de una defensa contra un lazo homosexual.

Ante este estado de cosas, lo más sencillo era renunciar a derivar generalmente de la homosexualidad la manía persecutoria y abandonar todas las deducciones enlazadas con este principio. O de lo contrario, agregarse a la opinión del abogado y reconocer como él en el caso un suceso real, exactamente interpretado por la sujeto, y no una combinación paranoica. Por mi parte, vislumbré una tercera salida, que en un principio aplazó la decisión. Recordé cuántas veces se juzga erróneamente a los enfermos psíquicos por no haberse ocupado de ellos con el detenimiento necesario y no haber reunido así sobre su caso datos suficientes. Por tanto, declaré que me era imposible emitir aún un juicio y rogué a la sujeto que me visitase otra vez para relatarme de nuevo el suceso más ampliamente y con todos sus detalles accesorios, desatendidos quizá en su primera exposición. Por mediación del abogado conseguí la conformidad de la sujeto, poco inclinada a repetir su visita. El mismo abogado facilitó mi labor, manifestando que consideraba innecesaria su asistencia a la nueva entrevista.

El segundo relato de la paciente no contradijo el primero; pero lo completó de tal modo que todas las dudas y todas las dificultades quedaron desvanecidas. Ante todo resultó que no había ido a casa de su amigo una sola vez, sino dos. En su segunda visita fue cuando advirtió el ruido que provocó sus sospechas. La primera había omitido mencionarla antes porque no le parecía ya nada importante. En ella no había ocurrido, efectivamente, nada singular, pero sí al otro día. La sección en que la sujeto prestaba sus servicios se hallaba a cargo de una señora de edad, a la que describió diciendo que tenía el pelo blanco, como su madre. La paciente se hallaba acostumbrada a ser tratada muy cariñosamente por esta anciana directora y se tenía por favorita suya. Al día siguiente de su primera visita al joven empleado entró éste en la sección para comunicar a la directora algún asunto del servicio, y mientras hablaba con ella en voz baja surgió de pronto en nuestra sujeto la convicción de que le estaba relatando su aventura de la víspera e incluso la de que mantenía con aquella señora desde mucho tiempo atrás unas relaciones amorosas, de las que ella ni se había dado cuenta hasta aquel día. Así, pues, su maternal directora lo sabía ya todo. Durante el resto del día, la actitud y las palabras de la anciana confirmaron sus sospechas, y en cuanto le fue posible acudió a su amigo para pedirle explicaciones de aquella delación. Su enamorado rechazó, naturalmente, con toda energía tales acusaciones, que calificó de insensatas, y esta vez consiguió desvanecer las ideas delirantes, hasta el punto de que algunas semanas después consintió ella en visitarle de nuevo en su casa. El resto nos es ya conocido por el primer relato de la paciente.

Los nuevos datos aportados desvanecen, en primer lugar, toda duda sobre la naturaleza patológica de la sospecha. Reconocemos sin dificultad que la anciana directora, de blancos cabellos, es una sustitución de la madre; que el hombre amado es situado, a pesar de su juventud, en lugar del padre, y que el poderío del complejo materno es el que obliga a la sujeto a suponer la existencia de un amorío entre dos protagonistas tan desiguales, no obstante la inverosimilitud de tal sospecha.

Pero con ello desaparece también la aparente contradicción de las teorías psicoanalíticas, según las cuales el desarrollo de un delirio persecutorio presupone la existencia de una intensa ligazón homosexual. El perseguidor primitivo, la instancia a cuyo influjo quiere escapar la sujeto, no es tampoco en este caso el hombre, sino la mujer. La directora conoce las relaciones amorosas de la joven, las condena y le da a conocer este juicio adverso por medio de misteriosos signos. La ligazón al propio sexo se opone a los esfuerzos de adoptar como objeto amoroso un individuo del sexo contrario. El amor a la madre toma la representación de todas aquellas tendencias que en calidad de "conciencia moral" quieren detener a la joven en sus primeros pasos por el camino, múltiplemente peligroso, hacia la satisfacción sexual normal, y consigue, en efecto, destruir su relación con el hombre.

Al estorbar o detener la actividad sexual de la hija, cumple la madre una función normal, diseñada ya en las relaciones infantiles, fundada en enérgicas motivaciones inconscientes y sancionada por la sociedad. A la hija compete desligarse de esta influencia y decidirse, sobre la base de una amplia motivación racional, por una medida personal de permisión o privación del goce sexual. Si en esta tentativa de libertarse sucumbe a la enfermedad neurótica, es que integraba un complejo materno excesivamente intenso por lo regular y seguramente indominado, cuyo conflicto con la nueva corriente libidinosa se resolverá según la disposición favorable, en una u otra forma de neurosis. En todos los casos, los fenómenos de la reacción neurótica serán determinados no por la relación presente con la madre actual, sino por las relaciones infantiles con la imagen materna primitiva.

De nuestra paciente sabemos que había perdido a su padre hacía muchos años, y podemos suponer que no habría permanecido alejada de los hombres hasta los

treinta años si no hubiese encontrado un firme apoyo en
una intensa adhesión sentimental a su madre. Pero este
apoyo se convierte para ella en una pesada cadena en
cuanto su libido comienza a tender hacia el hombre a
consecuencia de una apremiante solicitación. La sujeto
intenta entonces libertarse de su ligazón homosexual. Su
disposición —de la que no necesitamos tratar aquí—
permite que ello suceda en la forma de la producción
de un delirio paranoico. La madre se convierte así en espía y perseguidora hostil. Como tal podría aún ser vencida si el complejo materno no conservase poder suficiente para lograr el propósito en él integrado de alejar
del hombre a la sujeto. Al final de este conflicto resulta,
pues, que la enferma se ha alejado de su madre y no se
ha aproximado al hombre. Ambos conspiran ahora contra ella. En este punto, el enérgico esfuerzo del hombre
consigue atraerla a sí decisivamente. La sujeto vence la
oposición de la madre y accede a conceder al amado una
nueva cita. La madre no interviene ya en los aconteci-
mientos sucesivos. Habremos, pues, de retener el hecho
de que en esta fase el hombre no se convierte en perseguidor directamente, sino a través de la madre y a causa
de sus relaciones con la madre, a la cual correspondió
en el primer delirio el papel principal.

Podría creerse que la resistencia había sido definitivamente dominada y que la joven, ligada hasta entonces a
la madre, había conseguido ya amar a un hombre. Pero
a la segunda cita sucede un nuevo delirio, que utiliza
hábilmente algunos accidentes casuales para destruir
aquel amor y llevar así adelante la intención del complejo materno. De todos modos, continuamos extrañan-
do que la sujeto se defienda contra el amor de un hombre por medio de un delirio paranoico. Pero antes de
entrar a esclarecer esta cuestión, dedicaremos unos ins-
tantes a aquellos accidentes fortuitos en los que se apo-

ya el segundo delirio, orientado exclusivamente contra el hombre.

Medio desnuda sobre el diván y tendida al lado del amado, oye de repente la sujeto un ruido semejante a un chasquido, una percusión o un latido, cuya causa no conoce, imaginándola luego, al encontrar en la escalera de la casa a dos hombres, uno de los cuales lleva algo como una cajita cuidadosamente empaquetada. Adquiere entonces la convicción de que su amigo la ha hecho espiar y fotografiar durante su amoroso abandono. Naturalmente, estamos muy lejos de pensar que si aquel desdichado ruido no se hubiera producido, tampoco hubiera surgido el delirio paranoico. Por lo contrario, reconocemos en este accidente casual algo necesario que había de imponerse tan obsesivamente como la sospecha de un amorío entre el hombre amado y la anciana directora elevada a la categoría de subrogado materno. La sorpresa del comercio sexual entre el padre y la madre es un elemento que sólo muy raras veces falta en el acervo de las fantasías inconscientes, revelables por medio del análisis en todos los neuróticos y probablemente en todas las criaturas humanas. A estos productos de la fantasía referentes a la sorpresa del comercio sexual de los padres, a la seducción, a la castración, etc., les damos el nombre de *protofantasías,* y dedicaremos en otro lugar a su origen y a su relación con la vida individual un detenido estudio. El ruido casual desempeña, pues, tan sólo el papel de un agente provocador que activa la fantasía típica de la sorpresa del coito entre los padres, integrada en el complejo parental. Es incluso dudoso que podamos calificarlo de "casual". Según hubo de advertirme O. Rank, constituye más bien un requisito necesario de la fantasía de la sorpresa del coito de los padres y repite el ruido en que se delata la actividad sexual de los mismos o aquel con el que teme descubrirse el infantil espía. Reconocemos ya ahora el terreno que pisamos. El amado continúa siendo un subrogado del padre, y el lugar de la madre ha sido ocupado por la propia sujeto. Siendo así, el papel de espía ha de ser adjudicado a una persona extraña. Se nos hace visible la forma en que nuestra heroína se ha liberado de su dependencia homosexual de su madre. Lo ha conseguido por medio de una pequeña regresión. En lugar de tomar a la madre como objeto amoroso, se ha identificado con ella, ocupando su lugar. La posibilidad de esta regresión descubre el origen narcisista de su elección homosexual de objeto y con ello su disposición a la paranoia. Podría trazarse un proceso mental conducente al mismo resultado que la siguiente identificación: si mi madre hace esto, también yo lo puedo hacer; tengo el mismo derecho que ella.

En el examen de los accidentes casuales del caso podemos avanzar aún algo más, aunque sin exigir que el lector nos acompañe, pues la falta de más profunda investigación analítica nos impide abandonar aquí el terreno de las probabilidades. La enferma había afirmado en nuestra primera entrevista que en el acto de advertir el ruido había inquirido sus causas y que su amigo lo había atribuido a un pequeño reloj colocado encima de la mesa. Por mi parte, me tomo la libertad de considerar esta parte del relato de la paciente como un error mnémico. Me parece mucho más probable que no manifestara reacción alguna a la percepción del ruido, el cual sólo adquirió para ella un sentido después de su encuentro con los dos desconocidos en la escalera. La tentativa de explicación referente al reloj debió de ser arriesgada más tarde por el amigo, que quizá no había advertido el tal ruidito, al ser atormentado por las sospechas de la joven. "No sé lo que puedes haber oído; quizá el reloj de la mesa, que hace a veces un ruido como el que me indicas." Esta estimación ulterior de las impresiones y este desplazamiento de los recuerdos son, precisamente, muy frecuentes en la paranoia y característicos de ella. Pero como no he hablado nunca con el protagonista de esta historia ni pude tampoco proseguir el análisis de la joven, me es imposible probar mi hipótesis.

Todavía podía aventurarme a avanzar más en el análisis de la "casualidad" supuestamente real. Para mí no existió en absoluto ruido alguno. La situación en que la sujeto se encontraba justificaba una sensación de latido o percusión en el clítoris, y esta sensación fue proyectada luego por ella al exterior, como percepción procedente de un objeto. En el sueño se da una posibilidad análoga. Una de mis pacientes histéricas relataba un breve sueño al que no conseguía asociar nada. El sueño consistía tan sólo en que oía llamar a la puerta del cuarto, despertándola tal llamada. No había llamado nadie, pero en las noches anteriores la paciente había sido despertada por repetidas poluciones y le interesaba despertar al iniciarse los primeros signos de excitación genital. La llamada oída en el sueño correspondía, pues, a la sensación de latido del clítoris. Este mismo proceso de proyección es el que sustituimos en nuestra paranoia a la percepción de un ruido casual. Naturalmente, no puedo garantizar que la enferma, para quien yo no era sino un extraño, cuya intervención le era impuesta por su abogado, fuera completamente sincera en su relato de lo acaecido en sus dos citas amorosas, pero la unicidad de la contracción del clítoris coincide con su afirmación de que no llegó a entregarse por completo a su enamorado. En la repulsa final del hombre intervino así, seguramente, a más de la "conciencia moral", la insatisfacción.

Volvamos ahora al hecho singular de que la sujeto se defienda contra el amor a un hombre por medio de la producción de un delirio paranoico. La clave de esta singularidad nos es ofrecida por la misma trayectoria evolutiva del delirio. Este se dirigía originariamente, como era de esperar, contra una mujer; pero después se *efectuó sobre el terreno mismo de la paranoia el avance desde la mujer al hombre como objeto*. Este progreso no es corriente en la paranoia, en la cual hallamos generalmente que el perseguido permanece fijado a la misma persona y, por tanto, al mismo sexo a que se refería su elección amorosa, anterior a la transformación paranoica. Pero no es imposible en la enfermedad neurótica. El caso objeto del presente trabajo ha de constituir, pues, el prototipo de otros muchos. Fuera de la paranoia existen numerosos procesos análogos que no han sido reunidos aún desde este punto de vista, y entre ellos, algunos generalmente conocidos. El neurasténico, por ejemplo, queda imposibilitado, por su adhesión inconsciente a objetos eróticos incestuosos, para elegir como objeto de su amor a una mujer ajena a los mismos, viendo así limitada su actividad sexual a los productos de su fantasía. Pero en tales productos realiza el progreso vedado, pudiendo sustituir en ellos la madre o la hermana por objetos ajenos al circuito incestuoso, y como tales objetos no tropiezan ya con la oposición de la censura, su elección se hace consciente en las fantasías.

Al lado de los fenómenos del progreso intentado desde el nuevo terreno conquistado, generalmente por regresión, vienen a situarse los esfuerzos emprendidos en algunas neurosis por reconquistar una posición en la libido, ocupada en tiempos y perdida luego. Estas dos series de fenómenos no pueden apenas separarse conceptualmente. Nos inclinamos demasiado a suponer que el conflicto existente en el fondo de la neurosis queda terminado con la producción de síntomas. En realidad continúa aún después de ella, surgiendo en ambos campos nuevos elementos instintivos que prosiguen el combate.

El mismo síntoma llega a constituirse en objeto de la lucha. Tendencias que quieren afirmarlo se miden con otras que se esfuerzan por suprimirlo y por restablecer la situación anterior. Muchas veces se buscan medios y caminos para desvalorizar el síntoma, intentando conquistar en otros sectores lo perdido y prohibido por el síntoma. Estas circunstancias arrojan cierta luz sobre la teoría de C. G. Jung, según la cual la condición fundamental de la neurosis es una singular inercia psíquica que se resiste a la transformación y al progreso. Esta inercia es realmente harto singular. No es de carácter general, sino especialísimo, y no impera por sí sola en su radio de acción, sino que lucha en él con tendencias al progreso y al restablecimiento, que no reposan tampoco después de la producción de síntomas de la neurosis. Al investigar el punto de partida de tal inercia especial se revela ésta como manifestación de conexiones muy tempranamente constituidas y difícilmente solubles, de algunos instintos con las impresiones del sujeto y con los objetos en ellas dados: conexiones que detuvieron la evolución de tales instintos. O dicho de otro modo: esta "inercia psíquica" especializada no es sino una distinta denominación, apenas mejor, de aquello que en psicoanálisis conocemos con el nombre de "fijación"

Año 1915

11. Sobre las transmutaciones de los instintos y especialmente del erotismo anal

Fundado en mis observaciones psicoanalíticas, expuse hace años la sospecha de que la coincidencia de tres condiciones de carácter —*el orden, la economía* y *la tenacidad*— en un mismo individuo indicaba una acentuación de los componentes erótico-anales, agotada luego al avanzar la evolución sexual en la constitución de tales reacciones predominantes del *yo*.

Me interesaba entonces, ante todo, dar a conocer una relación comprobada en múltiples análisis y no me ocupé gran cosa de su desarrollo teórico. De entonces acá he comprobado casi generalmente mi opinión de que todas y cada una de las tres condiciones citadas: la avaricia, la minuciosidad y la tenacidad, nacen de estas fuentes o, dicho de un modo más prudente y exacto, reciben de ellas importantísimas aportaciones. Aquellos casos a los cuales imponía la coincidencia de los tres rasgos

mencionados un sello especial (carácter anal) eran sólo
casos extremos, en los cuales la relación que venimos estudiando se revelaba incluso a la observación menos penetrante.

Algunos años después, guiado por la imperiosa coerción de una experiencia psicoanalítica que se imponía a
toda duda, deduje, de la amplia serie de impresiones acu-
muladas, que en la evolución de la libido anterior a la
fase de la primacía genital habíamos de suponer la existencia de una "organización pregenital", en la que el
sadismo y el erotismo anal desempeñan los papeles di-
rectivos.

La interrogación sobre los destinos ulteriores de los
instintos eróticos anales se nos planteaba ya aquí de un
modo ineludible. ¿Qué suerte corrían, una vez despoja-
dos de su significación en la vida sexual, para la constitución de la organización genital definitiva? ¿Continua-
ban existiendo sin modificación alguna, pero en estado de
represión sucumbían a la sublimación; se consumían en
una transmutación en condiciones del carácter, o eran
acogidos en la nueva estructura de la sexualidad determinada por la primacía de los genitales? O, mejor, no
siendo probablemente uno solo de estos destinos el único
abierto al erotismo anal, ¿en qué forma y medida participan
estas diversas posibilidades en la suerte del erotismo
anal, cuyas fuentes orgánicas no pudieron quedar cega-
das por la constitución de la organización genital?

Parecía que no habríamos de carecer de material para
dar respuesta a estas interrogaciones, puesto que los procesos de evolución y transmutación correspondientes tenían que haberse desarrollado en todas las personas objeto de la investigación psicoanalítica. Pero este material
es tan poco transparente y la multiplicidad de sus aspectos produce tal confusión que aun hoy en día me es
imposible ofrecer una solución completa del problema,

pudiendo sólo aportar algunos elementos para la misma. Al hacerlo así no habré de eludir las ocasiones que buenamente se me ofrezcan de mencionar otras transmutaciones de instintos ajenos al erotismo anal. Por último, haremos constar, aunque casi nos parece innecesario, que los procesos evolutivos que pasamos a describir han sido deducidos —como siempre, en el psicoanálisis— de las regresiones a ellos impuestas por los procesos neuróticos.

Como punto de partida, podemos elegir la impresión general de que los conceptos de *excremento (dinero, regalo) niño* y *pene* no son exactamente discriminados y sí fácilmente confundidos en los productos de lo inconsciente. Al expresarnos así sabemos, desde luego, que transferimos indebidamente a lo inconsciente términos aplicados a otros sectores de la vida anímica, dejándonos seducir por las comodidades que las comparaciones nos procuran. Repetiremos, pues, en términos más libres de objeción, que tales elementos son frecuentemente tratados en lo inconsciente como equivalentes o intercambiables.

La relación entre "niño" y "pene" es la más fácil de observar. No puede ser indiferente que ambos conceptos puedan ser sustituidos en el lenguaje simbólico del sueño y en el de la vida cotidiana por un símbolo común. El niño es, como el pene, "el pequeño" (*das Kleine*). Sabido es que el lenguaje simbólico se sobrepone muchas veces a la diferencia de sexos. El "pequeño", que originariamente se refería al miembro viril, ha podido, pues, pasar secundariamente a designar los genitales femeninos.

Si investigamos hasta una profundidad suficiente la neurosis de una mujer, tropezamos frecuentemente con el deseo reprimido de poseer, como el hombre, un pene. Un fracaso accidental de su vida, consecuencia muchas veces de esta misma disposición masculina, ha vuelto a activar este deseo infantil, integrado por nosotros, como

"envidia del pene", en el complejo de castración, y lo ha
convertido, por medio de una regresión de la libido, en
sustentáculo principal de los síntomas neuróticos. En
otras mujeres no llegamos a descubrir huella alguna de
este deseo de un pene, apareciendo, en cambio, el de tener un hijo, deseo este último cuyo incumplimiento puede luego desencadenar la neurosis. Es como si estas mujeres hubieran comprendido —cosa imposible en la realidad— que la naturaleza ha dado a la mujer los hijos
como compensación de todo lo demás que hubo de ne-
garle. Por último, en una tercera clase de mujeres averiguamos que abrigaron sucesivamente ambos deseos. Primero quisieron poseer un pene como el hombre, y en
una época ulterior, pero todavía infantil, se sustituyó en
ellas a ese deseo el de tener un hijo. No podemos rechazar la impresión de que tales diferencias dependen de
factores accidentales de la vida infantil —la falta de
hermanas o su existencia, el nacimiento de un hermani-
to en época determinada, etc.—, de manera que el deseo de poseer un pene sería idéntico, en el fondo, al de
tener un hijo.

No nos es difícil indicar el destino que sigue el deseo
infantil de poseer un pene cuanto la sujeto permanece
exenta de toda perturbación neurótica en su vida ulterior. Se transforma entonces en el de encontrar marido,
aceptando así al hombre como un elemento accesorio
inseparable del pene. Esta transformación inclina a favor
de la función sexual femenina un impulso originariamente contrario a ella, haciéndose así posible a estas mujeres una vida erótica adaptada a las normas del tipo
masculino del amor a un objeto, la cual puede coexistir
con la propiamente femenina derivada del narcisismo.
Pero ya hemos visto que en otros casos es el deseo de un
hijo el que trae consigo la transición desde el egoísmo
narcisista al amor a un objeto. Así, pues, también en

este punto puede quedar el niño representado por el pene.

He tenido varias ocasiones de conocer sueños femeninos subsiguientes a un primer contacto sexual. Estos sueños descubrían siempre el deseo de conservar en el propio cuerpo el miembro masculino, correspondiendo, por tanto, aparte de su base libidinosa, a una pasajera regresión desde el hombre al pene como objeto deseado. Nos inclinaremos seguramente a referir de un modo puramente racional el deseo orientado hacia el hombre al deseo de tener un hijo, ya que alguna vez ha de comprender la sujeto que sin la colaboración del hombre no puede alcanzar tal deseo. Pero lo que al parecer sucede es que el deseo cuyo objeto es el hombre nace independientemente del de tener un hijo, y que cuando emerge, obedeciendo a motivos comprensibles pertenecientes por completo a la psicología del *yo,* se asocia a él como refuerzo libidinoso inconsciente, el antiguo deseo de un pene.

La importancia del proceso descrito reside en que transmuta en femineidad una parte de la masculinidad narcisista de la joven, haciéndola inofensiva para la función sexual femenina. Por otro camino se hace también utilizable en la fase de la primacía genital una parte del erotismo de la fase pregenital. El niño es considerado aún como un "mojón", como algo expulsado del cuerpo por el intestino. El lenguaje corriente nos ofrece un testimonio de esta identidad en la expresión *"regalar* un niño" *(ein Kind schenken).* El excremento es, en efecto, el primer *regalo* infantil. Constituye una parte del propio cuerpo, de la cual el niño de pecho sólo se separa a ruegos de la persona amada o espontáneamente para demostrarle su cariño, pues, por lo general, no ensucia a las personas extrañas. (Análogas reacciones, aunque menos intensas, se dan con respecto a la orina.) En la defecación se plantea al niño una primera decisión entre la disposición narcisista y el amor a un objeto. Expulsará dócilmente los excrementos como "sacrificio" al amor o los retendrá para la satisfacción autoerótica y más tarde para la afirmación de su voluntad personal. Con la adopción de esta segunda conducta quedará constituida la *obstinación* (la tenacidad), que, por tanto, tiene su origen en una persistencia narcisista en el erotismo anal.

La significación más inmediata que adquiere el interés por el excremento no es probablemente la de *oro-dinero*, sino la de *regalo*. El niño no conoce más dinero que el que le es regalado; no conoce dinero propio, ni ganado ni heredado. Como el excremento es su primer regalo, transfiere fácilmente su interés desde esta materia a aquella nueva que le sale al paso en la vida como el regalo más importante. Aquellos que duden de la exactitud de esta derivación del regalo pueden consultar la experiencia adquirida en sus tratamientos psicoanalíticos, estudiando los regalos que hayan recibido de sus enfermos y las tempestuosas transferencias que pueden provocar al hacer algún regalo al paciente.

Así, pues, el interés por los excrementos persiste en parte transformado en interés por el dinero y es derivado, en su otra parte, hacia el deseo de un niño. En este último deseo coinciden un impulso erótico anal y un impulso genital (envidia del pene). Pero el pene tiene también una significación erótico-anal independiente del deseo de un niño. La relación entre el pene y la cavidad mucosa por él ocupada y estimulada preexiste ya en la fase pregenital sádicoanal. La masa fecal —o "barra" fecal, según expresión de uno de mis pacientes— es, por decirlo así, el primer pene, y la mucosa por él excitada, la del intestino ciego. Hay sujetos cuyo erotismo anal ha persistido invariado e intenso hasta los años inmediatos a la pubertad (hasta los diez o los doce años). Por ellos

averiguamos que ya durante esta fase pregenital habían
desarrollado en fantasías y juegos perversos una organización análoga a la genital en la cual el pene y la vagina aparecen representados por la masa fecal y el intestino. En otros individuos —neuróticos obsesivos—
puede comprobarse el resultado de una degradación regresiva de la organización genital, consistente en transferir a lo anal todas las fantasías primitivamente genitales, sustituyendo el pene por la masa fecal y la vagina,
por el intestino.

Cuando la evolución sigue su curso normal y desaparece el interés por los excrementos, la analogía orgánica
expuesta actúa transfiriendo al pene tal interés. Al llegar
luego el sujeto, en su investigación sexual infantil, a la
teoría de que los niños son paridos por el intestino, que-

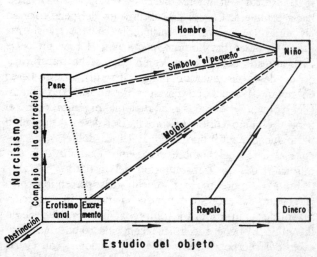

da constituido el niño en heredero principal del erotismo anal, pero su predecesor fue siempre el pene, tanto
en este sentido como en otro distinto.

Seguramente no les ha sido posible a mis lectores retener todas las múltiples relaciones expuestas entre los elementos de la serie excremento-pene-niño. Por tanto, y para reunir tales relaciones en una visión de conjunto, intentaremos una representación gráfica en cuya explicación podamos examinar de nuevo, pero en distinto orden de sucesión, el material estudiado.

Desgraciadamente, este medio técnico auxiliar no es lo bastante flexible para nuestros propósitos o no sabemos nosotros servirnos bien de él. Así, pues, he de rogar que no se planteen al esquema siguiente demasiadas exigencias.

Del erotismo anal surge para fines narcisistas la obstinación como importante reacción del *yo* contra las exigencias de los demás. El interés dedicado al excremento se transforma en interés hacia el regalo, y, más tarde, hacia el dinero. Con el descubrimiento del pene nace en las niñas la envidia del mismo, la cual se transforma luego en deseo del hombre, como poseedor de un pene. Pero antes el deseo de poseer un pene se ha transformado en deseo de tener un niño, o ha surgido este deseo en lugar de aquél. La posesión de un símbolo común ("el pequeño") señala una analogía orgánica entre el pene y el niño (línea de trazos). Del deseo de un niño parte luego un camino racional (línea doble), que conduce al deseo del hombre. Ya hemos examinado la significación de esta transmutación del instinto.

En el hombre se hace mucho más perceptible otro fragmento del proceso, que surge cuando la investigación sexual del niño le lleva a comprobar la falta del pene en la mujer. El pene queda así reconocido como algo separable del cuerpo y relacionado, por analogía, con el excremento, primer trozo de nuestro cuerpo al que tuvimos que renunciar. La antigua obstinación anal entra de este modo en la constitución del complejo de la castración.

La analogía orgánica, a consecuencia de la cual el contenido intestinal se constituyó en precursor del pene durante la fase pregenital, no puede entrar en cuenta como motivo. Pero la investigación sexual le procura una sustitución psíquica.

Al aparecer, el niño es reconocido por la investigación sexual como un excremento y revestido de un poderoso interés erótico-anal. Esta misma fuente aporta al deseo de un niño un segundo incremento cuando la experiencia enseña que el niño puede ser interpretado como prueba de amor y como un regalo. Los tres elementos —masa fecal, pene y niño— son cuerpos sólidos que excitan, al entrar o salir, una cavidad mucosa (el intestino ciego y la vagina, cavidad como arrendada a él, según una acertada expresión de Lou Andreas-Salomé)[1]. De este estado de cosas, la investigación infantil sólo puede llegar a conocer que el niño sigue el mismo camino que la masa fecal, pues la función del pene no es generalmente descubierta por la investigación infantil. Pero es interesante ver cómo una coincidencia orgánica llega a manifestarse también en lo psíquico, después de tantos rodeos, como una identidad inconsciente.

Años 1916-1917

12. Una relación entre un símbolo y un síntoma

Nuestra experiencia en la interpretación de los sueños nos ha demostrado que el sombrero es uno de los más frecuentes símbolos de los genitales, sobre todo de los masculinos. Pero no puede afirmarse que este símbolo pertenezca a los más comprensibles. En las fantasías y en síntomas muy diversos aparece también la cabeza como símbolo del genital masculino, o, si se quiere, como representación del mismo. Algunos analíticos habrán observado que la decapitación inspira a sus pacientes aquejados de obsesiones un horror y una indignación mucho más intensos que los demás suplicios, y habrá tenido ocasión de explicarles que consideran la decapitación como un sucedáneo de la castración. También hemos analizado muchos sueños de sujetos jóvenes, o soñados por los pacientes en su juventud y referidos luego por ellos en el tratamiento, que desarrollaban el tema de la castración y entre cuyos elementos figuraba una bola, que había de ser interpretada como representación de la cabeza del padre. Recientemente he podido resolver un

ceremonial enlazado al acto de acostarse y constituido
por las siguientes prescripciones: el cuadrante debía quedar colocado formando un rombo sobre las demás al-
mohadas y la cabeza del sujeto había de reposar exactamente sobre su diagonal más larga. El rombo tenía
la conocida significación que nos es familiar por la epi-
grafía popular y la cabeza había de representar un
miembro masculino.

Pudiera ser muy bien que la significación simbólica
del sombrero se derivase de la de la cabeza en cuanto
el sombrero puede ser considerado como una prolongación desmontable de la misma. A este respecto, recuerdo
un síntoma con el que se atormentan obstinadamente
los neuróticos obsesivos.

Al ir por la calle espían de continuo si las personas
conocidas que a su paso encuentran inician el saludo,
descubriéndose las primeras, o parecen esperar, por el
contrario, su iniciativa. De este modo acaban por renunciar a muchas de sus relaciones al descubrir que ciertas
personas no los saludan o no responden debidamente a
su saludo. Esta conducta no experimenta modificación
alguna al hacer presente al sujeto, para el cual es ya además cosa sabida, que el quitarse el sombrero ante alguien
. constituye un reconocimiento de su superioridad; que,
por ejemplo, los grandes de España gozan del privilegio
de permanecer cubiertos ante el rey, y que su susceptibilidad con respecto al saludo tiene, por tanto, el sentido de no suponerse inferior a lo que la otra persona
. piensa ser. La resistencia de su susceptibilidad a tal explicación justifica la sospecha de que nos hallamos ante
el efecto de un motivo poco conocido por la conciencia.
La fuente de esta intensificación podría fácilmente ser
hallada en la relación con el complejo de castración.

Año 1916

13. Sobre la psicogénesis de un caso de homosexualidad femenina

1

La homosexualidad femenina, tan frecuente, desde luego, como la masculina, aunque mucho menos ruidosa, no ha sido sólo desatendida por las leyes penales, sino también por la investigación psicoanalítica. La exposición de un caso, no muy marcado, en el que me fue posible descubrir, sin grandes lagunas y con gran seguridad la historia psíquica de su génesis, puede, por tanto, aspirar a cierta consideración. La discreción profesional exigida por un caso reciente impone naturalmente a nuestra comunicación ciertas restricciones. Habremos, pues, de limitarnos a describir los rasgos más generales del historial, silenciando los detalles característicos en los que reposa su interpretación.

Una muchacha de dieciocho años, bonita, inteligente y de elevada posición social, ha despertado el disgusto y la preocupación de sus padres por el cariño con el que

persigue a una señora de la "buena sociedad" unos diez
años mayor que ella. Los padres pretenden que la tal señora no es más que una cocota, a pesar de sus aristocrá-
ticos apellidos. Saben que vive con una antigua amiga
suya, casada, con la que sostiene relaciones íntimas, observando además una conducta muy ligera en su trato
con los hombres, entre los cuales se le señalan varios
favoritos. La muchacha no discute tales afirmaciones,
pero no se deja influir por ellas en absoluto en su admi-
ración hacia aquella señora, a pesar de no carecer, en
modo alguno, de sentido moral. Ninguna prohibición ni
vigilancia alguna logran impedirle aprovechar la menor
ocasión favorable para correr al lado de su amada, seguir sus pasos, esperarla horas enteras a la puerta de su
casa o en una parada del tranvía, enviarla flores, etc. Se
ve que esta pasión ha devorado todos los demás intereses
de la muchacha. No se preocupa ya de su educación intelectual, no concede valor alguno al trato social ni a
las distracciones juveniles, y sólo mantiene relación con
algunas amigas que pueden servirla de confidentes o
auxiliares. Los padres ignoran hasta dónde pueden haber
llegado las relaciones de su hija con aquella señora ni si
han traspasado ya ciertos límites. No han observado
nunca en la muchacha interés alguno hacia los jóvenes
ni complacencia ante sus homenajes; en cambio, ven
claramente que su enamoramiento actual no hace sino
continuar, en mayor grado, la inclinación que en los últimos años hubo de mostrar hacia otras personas femeninas y que despertó ya las sospechas y el rigor del padre.

Dos aspectos de su conducta, aparentemente opuestos,
despiertan, sobre todo, la contrariedad de los padres:
la imprudencia con la que se muestra públicamente en
compañía de su amiga malfamada, sin cuidado alguno
a su propia reputación, y la tenacidad con que recurre
a toda clase de engaños para facilitar y encubrir sus

entrevistas con ella. Reprochan, pues, a la muchacha un exceso de franqueza por un lado y un exceso de disimulo por otro. Un día sucedió lo que no podía por menos de acaecer en tales circunstancias: el padre encontró a su hija acompañada de la señora en cuestión, y, al cruzarse con ellas, les dirigió una mirada colérica que no presagiaba nada bueno. Momentos después se separaba la muchacha de su amiga para arrojarse al foso por donde circulaba el tranvía. Nuestro sujeto pagó esta tentativa de suicidio con largos días de cama, aunque afortunadamente no se produjo lesión alguna permanente. A su restablecimiento encontró una situación mucho más favorable a sus deseos. Los padres no se atrevían a oponerse ya tan decididamente a ellos, y la señora, que hasta entonces había recibido fríamente sus homenajes, comenzó a tratarla con más cariño, conmovida por aquella inequívoca prueba de amor.

Aproximadamente medio año después de este suceso acudieron los padres al médico, encargándole de reintegrar a su hija a la normalidad. La tentativa de suicidio les había demostrado que los medios coercitivos de la disciplina familiar no eran suficientes para dominar la perturbación de la sujeto. Será conveniente examinar aquí por separado las posiciones respectivas del padre y de la madre ante la conducta de la muchacha. El padre era un hombre serio, respetable, y en el fondo, muy cariñoso, aunque la severidad que creía deber adoptar en sus funciones paternas había alejado algo de él a sus hijos. Su conducta general para con su hija aparecía determinada por la influencia de su mujer. Al tener conocimiento por vez primera de las inclinaciones homosexuales de la muchacha, ardió en cólera e intentó reprimirlas con las más graves amenazas; en aquel período debió de oscilar su ánimo entre diversas interpretaciones, dolorosas todas, no sabiendo si había de ver en su hija una

criatura viciosa, degenerada o simplemente enferma de
una perturbación mental. Tampoco después del accidente llegó a elevarse a aquella reflexiva resignación que
uno de nuestros colegas médicos, víctima de un análogo
suceso en su familia, expresaba con la frase siguiente:
"¡Qué le vamos a hacer! Es una desgracia como otra
cualquiera." La homosexualidad de su hija integraba
algo que provocaba en él máxima indignación. Estaba
decidido a combatirla con todos los medios, y no obstante la poca estimación de que en Viena goza el psicoanálisis, acudió a él en demanda de ayuda. Si este recurso fracasaba tenía aún en reserva otro más enérgico:
un rápido matrimonio habría despertado los instintos
naturales de la muchacha y ahogado sus inclinaciones
contra la naturaleza.

La posición de la madre no resultaba tan transparente.
Se trataba de una mujer joven aún, que no había renunciado todavía a gustar. No tomaba tan por lo trágico el
capricho de su hija, e incluso había gozado durante algún tiempo de la confianza de la muchacha en lo que
se refería a su enamoramiento de aquella señora, y si
había acabado por tomar partido contra él se debía tan
sólo a la publicidad con que la muchacha ostentaba sus
sentimientos. Años atrás había pasado por un período
de enfermedad neurótica, era objeto de una gran solici-
tud por parte de su marido y trataba a sus hijos muy
desigualmente, mostrándose más bien dura con la muchacha y excesivamente cariñosa con sus otros tres hijos,
el último de los cuales era ya un retoño tardío, que sólo
contaba por entonces unos tres años. No resultaba nada
fácil averiguar detalles más minuciosos sobre su carácter, pues por motivos que más tarde podrá comprender
el lector los informes de la paciente sobre su madre ado-
lecían siempre de una cierta reserva, que desaparecía en
lo referente al padre.

El médico que había de tomar a su cargo el tratamiento psicoanalítico de la muchacha tropezaba con varias dificultades. No hallaba constituida la situación exigida por el análisis, única en la que éste puede desarrollar su plena eficacia. El tipo ideal de tal situación queda
constituido cuando un individuo, dependiente sólo de su
propia voluntad, se ve aquejado por un conflicto interno,
al que no puede poner término, por sí solo, y acude al
psicoanalítico, en demanda de ayuda. El médico labora
entonces de acuerdo con una de las partes de la personalidad patológicamente disociada, en contra de la parte
contraria. Las situaciones que difieren de ésta son siempre más o menos desfavorables para el análisis, y añaden
a las dificultades internas del caso otras nuevas. Las situaciones como la del propietario que encarga al arqui-
tecto una casa conforme a sus propios gustos y necesidades, o la del hombre piadoso que hace pintar al artista
un lienzo votivo e incluir en él su retrato orante, no son
compatibles con las condiciones del psicoanálisis. No es
nada raro que un marido acuda al médico con la preten-
sión siguiente: "La nerviosidad de mi mujer ha alterado
nuestras relaciones conyugales; cúrela usted, para que
volvamos a poder ser un matrimonio feliz." Pero muchas veces resulta imposible cumplir tal encargo, toda
vez que no está en la mano del médico provocar el desenlace que llevó al marido a solicitar su ayuda. En cuanto la mujer queda libre de sus inhibiciones neuróticas,
se separa de su marido, pues la continuación del matrimonio sólo se había hecho posible merced a tales inhibiciones. A veces son los padres quienes demandan la
curación de un hijo, que se muestra nervioso y rebelde.
Para ellos, un niño sano es un niño que no crea dificultad alguna a los padres y sólo satisfacciones les
procura. El médico puede conseguir, en efecto, el restablecimiento del niño, pero después de su curación sigue

aquél sus propios caminos mucho más decididamente que antes y los padres reciben de él todavía mayor descontento. En resumen, no es indiferente que un hombre se someta al análisis por su propia voluntad o porque otros se lo impongan, ni que sea él mismo quien desee su modificación, o sólo sus familiares, que le aman, o en los que hemos de suponer tal cariño.

Nuestro caso integraba aún otros factores desfavorables. La muchacha no era una enferma —no sufría por motivos internos ni se lamentaba de su estado—, y la labor planteada no consistía en resolver un conflicto neurótico, sino en transformar una de las variantes de la organización sexual genital en otra distinta. Esta labor de modificar la inversión genital, u homosexualidad, no es nunca fácil. Mi experiencia me ha demostrado que sólo en circunstancias especialmente favorables llega a conseguirse, y aun entonces el éxito consiste úhicamente en abrir, a la persona homosexualmente limitada, el camino hacia el otro sexo, vedado antes para ella, restableciendo su plena función bisexual. Queda entonces entregado plenamente a su voluntad el seguir o no dicho camino, abandonando aquel otro anterior, que atraía sobre ella el anatema de la sociedad, y así lo han hecho algunos de los sujetos por nosotros tratados. Pero hemos de tener en cuenta que también la sexualidad normal reposa en una limitación de la elección de objeto, y que en general la empresa de convertir en heterosexual a un homosexual llegado a su completo desarrollo no tiene muchas más probabilidades de éxito que la labor contraria, sólo que esta última no se intenta nunca, naturalmente, por evidentes motivos prácticos.

Los éxitos de la terapia psicoanalítica en el tratamiento de la homosexualidad no son, en verdad, muy numerosos. Por lo regular, el homosexual no logra abandonar su objeto placiente; no se consigue convencerle de que

una vez modificadas sus tendencias sexuales volverá a hallar, en un objeto distinto, el placer que renuncie a buscar
en sus objetos actuales. Si se pone en tratamiento es casi
siempre por motivos externos; esto es, por las desventajas y peligros sociales de su elección de objeto, y estos
componentes del instinto de conservación se demuestran
harto débiles en la lucha contra las tendencias sexuales.
No es difícil entonces descubrir su proyecto secreto de
procurarse, con el ruidoso fracaso de su tentativa de curación, la tranquilidad de haber hecho todo lo posible
para combatir sus instintos, pudiendo así entregarse a
ellos en adelante sin remordimiento alguno. Cuando la
demanda de curación aparece motivada por el deseo de
ahorrar un dolor a los padres o familiares del sujeto, el
caso presenta ya un cariz más favorable. Existen entonces realmente tendencias libidinosas que pueden desarrollar energías contrarias a la elección homosexual de
objeto; pero su fuerza no suele tampoco bastar. Sólo en
aquellos casos en que la fijación al objeto homosexual
no ha adquirido aún intensidad suficiente, o en los que
existen todavía ramificaciones y restos considerables de la
elección de objeto heterosexual; esto es, dada una organización vacilante aún o claramente bisexual, puede fundarse alguna esperanza en la terapia psicoanalítica.

Por todas estas razones evité infundir a los padres de
nuestra sujeto una esperanza de curación, declarándome
dispuesto simplemente a estudiar con todo cuidado a la
muchacha durante algunas semanas o algunos meses, hasta poder pronunciarme sobre las probabilidades positivas de una continuación del análisis. En toda una serie
de casos, el análisis se divide en dos fases claramente
delimitadas: en la primera se procura el médico el conocimiento necesario del paciente, le da a conocer las
hipótesis y los postulados del análisis y le expone sus
deducciones sobre la génesis de la enfermedad, basadas en

el material revelado en el análisis. En la segunda fase se apodera el paciente mismo de la materia que el analítico le ha ofrecido, labora con ella, recuerda aquella parte de lo reprimido que le es posible atraer a su conciencia e intenta vivir de nuevo la parte restante. En esta labor puede confirmar, completar y rectificar las hipótesis del médico; comienza ya a darse cuenta, por el vencimiento de sus resistencias, de la modificación interior a la que tiende el tratamiento, y adquiere aquellas convicciones que le hacen independiente de la autoridad médica. Estas dos fases no aparecen siempre claramente delimitadas en el curso del tratamiento analítico, pues para ello es preciso que la resistencia cumpla determinadas condiciones; pero cuando así sucede, puede arriesgarse una comparación de tales fases con los dos capítulos correspondientes de un viaje. El primero comprende todos los preparativos necesarios, tan complicados y dificultosos hoy, hasta que, por fin, sacamos el billete, pisando el andén y conquistando un sitio en el vagón. Tenemos entonces ya el derecho y la posibilidad de trasladarnos a un lejano país, pero tanto trabajoso preparativo no nos ha acercado aún un solo kilómetro a nuestro fin. Para llegar a él nos es preciso todavía cubrir el trayecto, de estación en estación, y esta parte del viaje resulta perfectamente comparable a la segunda fase de nuestros análisis.

El análisis que motiva el presente estudio transcurrió conforme a esta división de dos fases, pero no pasó del comienzo de la segunda. Sin embargo, una constelación especial de la resistencia me procuró una completa confirmación de mis hipótesis y una visión suficiente del desarrollo de la inversión de la sujeto. Pero antes de exponer los resultados obtenidos por el análisis, he de atender a algunos puntos a los que ya he aludido, o que se habrán impuesto al lector como primer objeto de su interés.

Habíamos hecho depender, en parte, nuestro pronóstico del punto al que la muchacha hubiese llegado en la satisfacción de sus instintos. Los datos obtenidos a este respecto en el análisis parecían favorables. Con ninguno de sus objetos eróticos había ido más allá de algunos besos y abrazos; su castidad genital, si se me permite la expresión, había permanecido intacta. Incluso aquella dama que había despertado en ella su último y más intenso amor se había mostrado casi insensible a él y no había concedido nunca a su enamorada otro favor que el de besar su mano. La muchacha hacía probablemente de necesidad virtud, al insistir de continuo en la pureza de su amor y en su repugnancia física a todo acto sexual. Por otra parte, no se equivocaba quizá al asegurar que su amada, reducida a su posición actual por adversas circunstancias familiares, conservaba aún en ella gran parte de la dignidad de su distinguido origen, pues en todas sus entrevistas le aconsejaba que renunciara a su inclinación hacia las mujeres, y hasta después de su tentativa de suicidio la había tratado siempre fríamente, rechazando sus insinuaciones.

Una segunda cuestión interesante que en seguida traté de poner en claro era la correspondiente a los propios motivos internos de la sujeto, en los cuales pudiera apoyarse quizá el tratamiento analítico. La muchacha no intentó engañarme con la afirmación de que sentía la imperiosa necesidad de ser libertada de su homosexualidad. Por el contrario, confesaba que no podía imaginar amor ninguno de otro género, si bien agregaba que a causa de sus padres apoyaría sinceramente la tentativa terapéutica, pues le era muy doloroso ocasionarles tan gran pena. También esta manifestación me pareció, en un principio, favorable; no podía sospechar, en efecto, qué disposición afectiva inconsciente se escondía detrás de ella. Pero lo que después vino a enlazarse a este pun-

to fue precisamente lo que influyó de una manera decisiva sobre el curso del tratamiento y motivó su prematura interrupción.

Los lectores no analíticos esperarán impacientemente
hace ya tiempo una contestación a otras dos interrogaciones. Esperarán, en efecto, la indicación de si esta muchacha homosexual presentaba claros caracteres somáticos del sexo contrario, y la de si se trataba de un caso
de homosexualidad congénita o adquirida (ulteriormente
desarrollada).

No desconozco la importancia que presenta la primera de estas interrogaciones. Pero creo que tampoco
debemos exagerarla y olvidar, por ella, que en individuos normales se comprueban también con gran frecuencia caracteres secundarios aislados del sexo contrario, y que en personas cuya elección de objeto no ha
experimentado modificación alguna en el sentido de una
inversión descubrimos a veces claros caracteres somáticos del otro sexo. O, dicho de otro modo, que *la medida
del hermafroditismo físico es altamente independiente en
ambos sexos de la del hermafroditismo psíquico.* Como
restricción de nuestras dos afirmaciones anteriores, haremos constar que tal independencia es mucho más franca
en el hombre que en la mujer, en la cual coinciden más
bien por lo regular los signos somáticos y anímicos del
carácter sexual contrario. Pero no me es posible contestar a la primera de las preguntas antes planteadas por
lo que a mi caso se refiere. El psicoanalítico acostumbra
eludir en determinados casos un reconocimiento físico
minucioso de sus pacientes. De todos modos, puedo
decir que la sujeto no mostraba divergencia alguna considerable del tipo físico femenino ni padecía tampoco
trastornos de la menstruación. Pudiera quizá verse un
indicio de una masculinidad somática en el hecho de que
la muchacha, bella y bien formada, mostraba la alta es-

tatura de su padre y rasgos fisonómicos más bien acusa-
dos y enérgicos que suaves. También pudieran considerarse como indicios de masculinidad algunas de sus
cualidades intelectuales, tales como su penetrante inteligencia y la fría claridad de su pensamiento, en cuanto el
mismo no se hallaba bajo el dominio de la pasión homosexual. Pero estas distinciones son más convencionales
que científicas. Mucho más importante es, desde luego,
la circunstancia de haber adoptado la muchacha, para
con el objeto de su amor, un tipo de conducta completa
y absolutamente masculino, mostrando la humildad y la
magna supervaloración sexual del hombre enamorado, la
renuncia a toda satisfacción narcisista y prefiriendo amar
a ser amada. Por tanto, no sólo había elegido un objeto
femenino, sino que había adoptado con respecto a él
una actitud masculina.

La otra interrogación relativa a si su caso correspondía
a una homosexualidad congénita o adquirida, quedará
contestada con la exposición de la trayectoria evolutiva
de su perturbación. Se demostrará también al mismo
tiempo hasta qué punto es estéril e inadecuada tal interrogación.

2

A una introducción tan amplia como la que precede
no puedo enlazar ahora sino una breve exposición de la
evolución de la libido en este caso. La muchacha había
pasado en sus años infantiles, y sin accidente alguno singular, por el proceso normal del complejo de Edipo femenino [1], y comenzaba luego a sustituir al padre por uno de
sus hermanos, poco menor que ella. No recordaba, ni el
análisis descubrió tampoco, trauma sexual alguno correspondiente a su temprana infancia. La comparación
de los genitales del hermano con los suyos propios, ini-

ciada aproximadamente al comienzo del período de latencia (hacia los cinco años o algo antes), dejó en ella una
intensa impresión, cuyos efectos ulteriores pudo perseguir el análisis a través de un largo período. No hallamos sino muy pocos indicios de onanismo infantil, o
el análisis no se prolongó lo suficiente para aclarar este
punto. El nacimiento de un segundo hermano, cuando
la muchacha contaba seis años, no manifestó ninguna
influencia especial sobre su desarrollo. En los años escolares y en los inmediatamente anteriores a la pubertad, fue conociendo paulatinamente los hechos de la
vida sexual, acogiéndolos con la mezcla normal de curiosidad y temerosa repulsa. Todos estos datos parecen
harto deficientes y no puedo garantizar que sean completos. Quizá fuera más rica en contenido la historia
juvenil de la paciente, pero no me es posible asegurar-
lo. Como antes indicamos, el análisis hubo de ser interrumpido al poco tiempo, no proporcionándonos así más
que una anamnesia tan poco garantizable como las demás conocidas de sujetos homosexuales, justificadamente
discutidas. La muchacha no había sido tampoco nunca
neurótica, ni produjo síntoma histérico alguno en el
análisis, de manera que tampoco se presentó ocasión en
un principio de investigar su historia infantil.

Teniendo trece o catorce años, mostró una cariñosa
preferencia, exageradamente intensa a juicio de todos sus
familiares, por un chiquillo de tres años escasos, al que
encontraba regularmente en paseo. Tanto cariño demostraba a aquel niño, que los padres del mismo acabaron
por trabar conocimiento con ella, iniciándose así una larga relación amistosa. De este suceso puede deducirse que
la sujeto se hallaba dominada en aquel período por el
intenso deseo de ser a su vez madre y tener un hijo.
Pero poco tiempo después se le hizo indiferente aquel
niño, y comenzó a mostrar un agudo interés por las

mujeres maduras, pero de aspecto aún juvenil, atrayéndose por vez primera un severo castigo por parte de su padre.

En el análisis pudo comprobarse sin duda alguna que esta transformación coincidió temporalmente con un suceso familiar, del cual debemos esperar, por tanto, su explicación. La sujeto, cuya libido aparecía orientada hacia la maternidad, queda convertida, a partir de esta fecha, en una homosexual, enamorada de las mujeres maduras, continuando así hasta mi intervención. El tal suceso, decisivo para nuestra comprensión del caso, fue un nuevo embarazo de la madre y el nacimiento de un tercer hermano, cuando ella frisaba ya en los dieciséis años.

La relación cuyo descubrimiento expongo a continuación no es un producto de mis facultades imaginativas: me ha sido revelada por un material analítico tan fidedigno, que puedo garantizar su absoluta exactitud objetiva. Su descubrimiento dependió principalmente de una serie de sueños enlazados entre sí y fácilmente interpretables.

El análisis revelaba inequívocamente que la dama objeto de su amor era un sucedáneo de la madre. No era ciertamente a su vez madre, pero tampoco era el primer amor de la muchacha. Los primeros objetos de su inclinación a partir del nacimiento del último hermano fueron realmente madres, mujeres entre treinta y treinta y cinco años, a las que conoció con sus hijos durante las vacaciones veraniegas o en su trato social dentro de la ciudad. El requisito de la maternidad fue abandonado después por no ser perfectamente compatible con otro más importante cada vez. Su adhesión especialmente intensa a su última amada tenía aún otra causa, que la misma muchacha descubrió un día sin esfuerzo. La esbelta figura, la severa belleza y el duro carácter de aquella señora recordaban a la sujeto la personalidad de su hermano mayor. De este modo, el objeto definitivamente escogido correspondía no sólo a su ideal femenino, sino también a su ideal masculino, reuniendo así la satisfacción de sus deseos homosexuales con la de sus deseos heterosexuales. Como es sabido, el análisis de homosexuales masculinos ha descubierto en muchos casos esta misma coincidencia, advirtiéndonos así que no debemos representarnos la esencia y la génesis de la inversión como algo sencillo, ni tampoco perder de vista la bisexualidad general del hombre [2].

Pero, ¿cómo explicarnos que precisamente el nacimiento tardío de un hermano, cuando la sujeto había alcanzado ya su madurez sexual y abrigaba intensos deseos propios, la impulsara a orientar hacia su propia madre, y madre de aquel nuevo niño, su apasionada ternura, exteriorizándola en un subrogado de la personalidad materna? Por todo lo que sabemos, hubiera debido suceder lo contrario. Las madres suelen avergonzarse en tales circunstancias ante sus hijas casaderas ya, y las hijas experimentan hacia la madre un sentimiento mixto de compasión, desprecio y envidia, que no contribuye ciertamente a intensificar su cariño hacia ella. La muchacha de nuestro caso tenía, en general, pocos motivos para abrigar un gran cariño hacia su madre, la cual, juvenilmente bella aún, veía en aquella hija una molesta competidora y, en consecuencia, la posponía a los hijos, limitaba en lo posible su independencia y cuidaba celosamente de que permaneciese lejana al padre. Estaba, pues, justificado que la muchacha experimentase desde un principio la necesidad de una madre más amable; pero lo que no es comprensible es que esta necesidad surgiese precisamente en el momento indicado y bajo la forma de una pasión devoradora.

La explicación es como sigue: la muchacha se encontraba en la fase de la reviviscencia del complejo de Edipo infantil en la pubertad, cuando sufrió su primera gran decepción. El deseo de tener un hijo, y un hijo de sexo masculino, se hizo en ella claramente consciente; lo que no podía hallar acceso a su conciencia era que tal hijo había de ser de su propio padre e imagen viva del mismo. Pero entonces sucedió que no fue ella quien tuvo el niño, sino su madre, competidora odiada en lo inconsciente. Indignada y amargada ante esta traición, la sujeto se apartó del padre y en general del hombre. Después de este primer doloroso fracaso rechazó su femineidad y tendió a dar a su libido otro destino.

En todo esto se condujo nuestra sujeto como muchos hombres, que después de un primer desengaño se apartan duraderamente del sexo femenino infiel, haciéndose misóginos. De una de las personalidades de sangre real más atractivas y desgraciadas de nuestra época se cuenta que se hizo homosexual a consecuencia de una infidelidad de su prometida. No sé si es ésta la verdad histórica, pero tal rumor entraña indudablemente un trozo de verdad psicológica. Nuestra libido oscila normalmente toda la vida entre el objeto masculino y el femenino; el soltero abandona sus amistades masculinas al casarse y vuelve a ellas cuando el matrimonio ha perdido para él todo atractivo. Claro es que, cuando la oscilación es tan fundamental y tan definitiva como en nuestro caso, hemos de sospechar la existencia de un factor especial que favorece decisivamente uno de los dos sectores, y que quizá no ha hecho más que esperar el momento oportuno para imponer a la elección de objeto sus fines particulares.

Nuestra muchacha había, pues, rechazado de sí, después de aquel desengaño, el deseo de un hijo, el amor al hombre y, en general, su femineidad. En este punto podían haber sucedido muchas cosas; lo que sucedió, en

realidad, fue lo más extremo. Se transformó en hombre
y tomó como objeto erótico a la madre en lugar del padre[3]. Su relación con la madre había sido seguramente
desde un principio ambivalente, resultando fácil para la
sujeto reavivar el amor anterior a su madre y compensar, con su ayuda, su hostilidad contra ella. Mas como la
madre real no era ciertamente asequible a su cariño, la
transmutación sentimental descrita la impulsó a buscar
un subrogado materno al que poder consagrar su amor[4].

A todo esto vino a agregarse todavía como "ventaja
de la enfermedad" un motivo práctico, nacido de sus relaciones reales con la madre. Esta gustaba aún de ser
cortejada y admirada por los hombres. Así, pues, si la
muchacha se hacía homosexual, abandonaba los hombres
a su madre, y por decirlo así, la dejaba el campo libre
y suprimía con ello algo que había provocado hasta entonces el disfavor materno[5].

La posición de la libido así establecida quedó fortificada al observar la muchacha cuán desagradable era al
padre. Desde aquella primera reprimenda motivada por
su adhesión excesivamente cariñosa a una mujer, sabía ya la sujeto un medio seguro para disgustarle y vengarse de él. Permaneció, pues, homosexual, por vengarse
de su padre. No le causaba tampoco remordimiento alguno engañarle y mentirle de continuo. Con la madre
no se mostraba más disimulada de lo imprescindiblemente
necesario para engañar al padre. Parecía obrar conforme
a la ley del Talión: "Tú me has engañado, y ahora
tienes que sufrir que yo te engañe." Tampoco las singulares imprudencias cometidas por una muchacha tan
inteligente en general pueden interpretarse de otra manera. El padre tenía que averiguar sus relaciones con la
señora, pues de otro modo no hubiera satisfecho la sujeto sus impulsos vengativos. De este modo cuidó muy
bien de procurarse un encuentro con él, mostrándose

públicamente con su amiga por las calles cercanas a la
oficina del padre. Ninguna de estas imprudencias puede
considerarse intencionada. Es, además, singular que tanto
el padre como la madre se condujesen como si compren-
diesen la secreta psicología de la hija. La madre se mostraba tolerante, como si reconociese el favor que le había
hecho la hija dejándole el campo libre; el padre ardía
en cólera, como si se diese cuenta de las intenciones vengativas orientadas contra su persona.

La inversión de la muchacha recibió, por último, su
definitiva intensificación al tropezar, en la señora indicada con un objeto que satisfacía simultáneamente la
parte de su libido heterosexual adherida aún al hermano.

3

La exposición lineal es poco adecuada para la descripción de procesos psíquicos cuya trayectoria, harto complicada, se desarrolla en diversos estratos anímicos. Me
veo, pues, forzado a interrumpir la discusión del caso
para ampliar algunos de los puntos ya expuestos y pro-
fundizar el examen de otros.

Hemos indicado que en sus relaciones con un último
objeto erótico adoptó la muchacha el tipo masculino del
amor. Su humildad y su tierno desinterés, *che poco spera
e nulla chiede;* su felicidad cuando le era permitido
acompañar a aquella señora y besar su mano al despe-
dirse de ella; su alegría al oír encomiar la belleza de su
amiga, mientras que los elogios tributados a la suya
propia parecían serle indiferentes; sus peregrinaciones
a los lugares visitados alguna vez por su amada y la ausencia de más amplios deseos sensuales; todos estos caracteres parecían corresponder más bien a la primera
fogosa pasión de un adolescente por una artista famosa, a
la que cree situada muy por encima de él, sin atreverse

apenas a elevar hasta ella su mirada. Esta coincidencia
de la conducta amorosa de la sujeto con un "tipo de elección masculina de objeto" anteriormente descrito por
mí y referido a una fijación erótica a la madre, llegaba
hasta los menores detalles. Podía parecer singular que la
sujeto no retrocediese ante la mala fama de su amada,
aunque sus propias observaciones habían de convencerla
de la veracidad de tales rumores, y a pesar de ser ella
una muchacha bien educada y casta, que había evitado
toda aventura sexual y que parecía sentir el aspecto an-
tiestético de toda grosera satisfacción sexual. Pero ya sus
primeros caprichos amorosos habían tenido como objeto
mujeres a las que no se podía atribuir una moral muy
severa. La primera protesta del padre contra su elección amorosa había sido provocada por la obstinación
con que la muchacha cultivaba el trato de una actriz de
cinematógrafo, en una estación veraniega. A todo esto
no se trataba nunca de mujeres tachadas de homosexualidad, que hubieran podido ofrecerle una satisfacción de
este orden; por lo contrario, pretendía ilógicamente a
mujeres coquetas, en el sentido corriente de esta palabra.
Una muchacha de su edad, francamente homosexual, que
se puso gustosa a su disposición, fue rechazada por ella
sin vacilación alguna. Pero la mala fama de su último
amor había de constituir precisamente un requisito erótico para ella. El aspecto aparentemente enigmático de
tal conducta desaparece al recordar que también en aquel
tipo masculino de la elección de objeto, que derivamos
de la fijación a la madre, es necesario, como condición
de amor, que la amada tenga fama de liviana, pudiendo
ser considerada en último término como una cocota.
Cuando más tarde averiguó hasta qué punto merecía su
amiga este calificativo, puesto que vivía sencillamente
de la venta de su cuerpo, su reacción consistió en una
gran compasión hacia ella y en el desarrollo de fantasías

y propósitos de redimir a la mujer amada. Estas mismas
tendencias redentoras atrajeron ya nuestra atención en
la conducta de los hombres del tipo amoroso antes descrito, y ya intentamos exponer su derivación analítica en
el estudio que a este tema dedicamos.

El análisis de la tentativa de suicidio, que hemos de
considerar absolutamente sincera, pero que en definitiva
mejoró la posición de la sujeto, tanto con respecto a sus
padres como para con la mujer amada, nos lleva a regiones muy distintas. La muchacha paseaba una tarde
con su amiga por un lugar y a una hora en los cuales
no era difícil tropezar con el padre en su regreso de la
oficina. Así sucedió, en efecto, y al cruzarse con ellas les
dirigió el padre una mirada colérica. Momentos después
se arrojaba la muchacha al foso por el que circulaba el
tranvía. Su explicación de las causas inmediatas de su
tentativa de suicidio nos parece admirable. Había con-
fesado a la dama que el caballero que las había mirado
tan airadamente era su padre, el cual no quería tolerar
su amistad con ella. La señora, altamente disgustada, le
había ordenado que se separase de ella en el acto y no
volviera a buscarla ni a dirigirle la palabra; aquello tenía que terminar alguna vez. Desesperada ante la idea de
haber perdido para siempre a la mujer amada, intentó
quitarse la vida. Pero el análisis permitió descubrir, detrás de esta interpretación de la sujeto, otra más profunda, confirmada por toda una serie de sueños. La tentativa de suicidio tenía, como era de esperar, otros dos
distintos aspectos, constituyendo un "autocastigo" y la
realización de un deseo. En este último aspecto, signifi-
caba la realización de aquel deseo cuyo incumplimiento la
había impulsado a la homosexualidad, o sea el de tener
un hijo de su padre, pues ahora "iba abajo" o "paría"
(*sie kam nieder*) por causa de su padre[6]. El hecho de
que su amiga le hubiese hablado exactamente como el

padre, imponiéndole idéntica prohibición, nos da el punto
de contacto de esta interpretación más profunda con la
interpretación superficial y consciente de la muchacha.
Con su aspecto de "autocastigo", nos revela la tentativa
de suicidio, que la muchacha abrigaba, en su inconsciente, intenso deseo de muerte contra el padre, por haberse
opuesto a su amor, o más probablemente aún, contra la
madre, por haber dado al padre el hijo por ella anhela-
do. El psicoanálisis nos ha descubierto, en efecto, que
quizá nadie encuentra la energía psíquica necesaria para
matarse si no mata simultáneamente a un objeto con el
cual se ha identificado, volviendo así contra sí mismo un
deseo de muerte orientado hacia distinta persona. El descubrimiento regular de tales deseos inconscientes de muerte en los suicidas no tiene por qué extrañarnos ni tampoco por qué envanecernos como una confirmación de
nuestra hipótesis, pues el psiquismo inconsciente de todo
individuo se halla colmado de tales deseos de muerte,
incluso contra las personas más queridas[7]. La identificación de la sujeto con su madre, la cual hubiera debido
morir al dar a luz aquel hijo que ella (la muchacha)
deseaba tener de su padre, da también al "autocastigo"
la significación del cumplimiento de un deseo. No podemos ciertamente extrañar que en la determinación de un
acto tan grave como el realizado por nuestra sujeto cola-
borasen tantos y tan enérgicos motivos.

En la motivación expuesta por la muchacha no interviene el padre ni se menciona siquiera el temor justificado a su cólera. En la descubierta por el análisis le corresponde, en cambio, el papel principal. También para
el curso y el desenlace del tratamiento, o mejor dicho,
de la exploración analítica, presentó la relación de la
sujeto con su padre la misma importancia decisiva. Detrás de los cariñosos sentimientos filiales que parecían
transparentarse en su declaración de que por amor a sus

podres apoyaría honradamente la tentativa de transformación sexual, se escondían tendencias hostiles y vengativas contrarias al padre, que la mantenían encadenada a la homosexualidad. Fortificada la resistencia en tal posición, dejaba libre a la investigación psicoanalítica un amplio sector. El análisis transcurrió casi sin indicios de resistencia, con una viva colaboración intelectual de la analizada, pero también sin despertar en ella emoción alguna. En una ocasión en que hube de explicarle una parte importantísima de nuestra teoría, íntimamente relacionada con su caso, exclamó con acento inimitable: "¡Qué interesante es todo eso!", como una señora de la buena sociedad que visita un museo y mira a través de sus impertinentes una serie de objetos que la tienen completamente sin cuidado. Su análisis hacía una impresión análoga a la de un tratamiento hipnótico, en el cual la resistencia se retira igualmente hasta un cierto límite, donde luego se muestra invencible. Esta misma táctica —rusa, pudiéramos decir— es seguida muy frecuentemente por la resistencia en algunos casos de neurosis obsesiva; los cuales procuran así, durante algún tiempo, clarísimos resultados y permiten una profunda visión de la causación de los síntomas. Pero, en estos casos, comenzamos a extrañar que tan importantes progresos de la investigación analítica no traigan consigo la más pequeña modificación de las obsesiones e inhibiciones de los enfermos, hasta que, por fin, observamos que todo lo conseguido adolece de un vicio de nulidad: la reserva mental del sujeto, detrás de la cual se siente completamente segura la neurosis, como detrás de un parapeto inexpugnable. "Todo esto estaría muy bien —se dice el enfermo, a veces también conscientemente— si yo creyese lo que este señor me dice; pero no le creo una palabra, y mientras así sea, no tengo por qué modificarme en nada." Cuando luego nos acercamos a la motivación de esta duda, es cuando se inicia seriamente nuestra lucha contra la resistencia.

En nuestra muchacha no era la duda, sino el factor afectivo constituido por sus deseos de venganza contra el padre, el que determinaba su fría reserva y el que dividió claramente en dos fases el análisis e hizo que los resultados de la primera fase fuesen tan visibles y completos. Parecía también como si en ningún momento hubiera surgido en ella nada análogo a una transferencia afectiva sobre la persona del médico. Pero esto es, naturalmente, un contrasentido. El analizado tiene que adoptar inevitablemente alguna actitud afectiva con respecto al médico y, por lo general, repite en ella una relación infantil. En realidad, la sujeto transfirió sobre mí la total repulsa del hombre que la dominaba desde su desengaño por la traición del padre.

La hostilidad contra el hombre encuentra, por lo general, grandes facilidades para satisfacer en la persona del médico, pues no necesita provocar emociones tempestuosas y le basta con exteriorizarse simplemente en una oposición a todos sus esfuerzos terapéuticos y en la conservación de la enfermedad. Sé por experiencia cuán difícil es llevar a los analizados la comprensión de esta sintomatología muda y hacer consciente esta hostilidad latente, a veces extraordinariamente intensa, sin poner en peligro el curso ulterior del tratamiento. Así, pues, interrumpí el análisis en cuanto reconocí la actitud hostil de la muchacha contra su padre, y aconsejé que si se tenía algún interés en proseguir la tentativa terapéutica analítica, se encomendase su continuación a una doctora. La muchacha había prometido, entre tanto, a su padre renunciar, por lo menos, a todo trato con aquella señora, y no sé si mi consejo, cuya motivación es evidente, habrá sido seguido.

Una única vez sucedió en este análisis algo que puede

ser considerado como una transferencia positiva y como una reviviscencia extraordinariamente debilitada del apasionado amor primitivo al padre. Tampoco esta manifestación aparecía libre de otros motivos diferentes, pero la menciono porque plantea un problema muy interesante relativo a la técnica analítica. En cierto período no muy lejano del principio del tratamiento produjo la muchacha una serie de sueños normalmente deformados y expresados en correcto lenguaje onírico, pero fáciles de interpretar. Sin embargo, una vez interpretado su contenido, resultaban harto singulares. Anticipaban la curación de la inversión por el tratamiento analítico, expresaban la alegría de la sujeto por los horizontes que se abrían ante ella, confesaban un deseo de lograr el amor de un hombre y tener hijos, y podían, por tanto, ser considerados como una satisfactoria preparación a la transformación deseada.

Pero todo esto parecía en manifiesta contradicción con las declaraciones de la sujeto en estado de vigilia. No me ocultaba que pensaba casarse, pero sólo para escapar a la tiranía del padre y vivir ampliamente sus verdaderas inclinaciones. Despreciativamente decía que ya sabría arreglárselas ella con el marido, y que, en último caso, como lo demostraba el ejemplo de su amiga, no era imposible mantener simultáneamente relaciones sexuales con un hombre y con una mujer.

Guiado por algún pequeño indicio, le comuniqué un día que no prestaba ninguna fe a tales sueños, los cuales eran mentirosos o disimulados, persiguiendo tan sólo la intención de engañarme como ella solía engañar a su padre. Los hechos me dieron la razón, pues a partir de este momento no volvieron a presentarse tales sueños.

Creo, sin embargo, que a más de este propósito de engañarme integraban también estos sueños el de ganar mi estimación, constituyendo una tentativa de conquistar mi interés y mi buena opinión quizá tan sólo para defraudarme más profundamente luego.

Me figuro que la afirmación de la existencia de tales sueños engañosos despertará en algunos individuos, que se dan a sí mismos el nombre de analíticos, una tempestuosa indignación: "De manera que también lo inconsciente puede mentir; lo inconsciente, el verdadero nódulo de nuestra vida anímica, mucho más cercano a lo divino que nuestra pobre conciencia. ¿Cómo podremos entonces edificar sobre las interpretaciones del análisis y la seguridad de nuestros conocimientos?" Contra esto habremos de decir que el reconocimiento de tales sueños mentirosos no constituye ninguna novedad revolucionaria. Sé muy bien que la humana necesidad de misticismo es inagotable y provoca incesantes tentativas de reconquistar el dominio que le ha sido arrebatado por nuestra "interpretación de los sueños"; pero en el caso que nos ocupa hallamos en seguida una explicación satisfactoria. El sueño no es lo "inconsciente", es la forma en la cual pudo ser fundida, merced a las condiciones favorables del estado de reposo, una idea procedente de lo preconsciente o residual de la conciencia del estado de vigilia. En el estado de reposo encuentra tal idea el apoyo de impulsos optativos inconscientes y experimenta con ello la deformación que le impone la "elaboración onírica" regida por los mecanismos imperantes en lo inconsciente.

En nuestra sujeto, la intención de engañarme como solía engañar a su padre procedía seguramente de lo preconsciente, si es que no era consciente por completo. Tal intención podía lograrse enlazando a mi persona el deseo inconsciente de agradar al padre (o a un subrogado suyo), y creó así un sueño mentiroso. Ambas intenciones, la de engañar al padre y la de agradarle, proceden del mismo complejo: la primera nace de la represión de la segunda, y ésta es referida a aquélla por la elaboración onírica. No puede, pues, hablarse de una degradación de lo inconsciente ni de una disminución de la confianza en los resultados de nuestro análisis.

No quiero dejar pasar la ocasión de manifestar mi asombro ante el hecho de que los hombres puedan vivir fragmentos tan amplios y significativos de su vida erótica sin advertir gran cosa de ellos e incluso sin sospecharlos lo más mínimo, o se equivoquen tan fundamentalmente al enjuiciarlos cuando emergen en su conciencia. Esto no sucede solamente bajo las condiciones de la neurosis, en la cual nos es ya familiar este fenómeno, sino que parece muy corriente también en individuos normales. En nuestro caso hallamos una muchacha que desarrolla un apasionado amor a otras mujeres, el cual despierta, desde luego, el disgusto de sus padres, pero no es apenas tomado en serio por ellos en un principio. Ella misma sabe probablemente cuán dominada se halla por tal pasión; pero no advierte sino muy débilmente las sensaciones correspondientes a un intenso enamoramiento hasta que una determinada prohibición provoca una reacción excesiva que revela, a todas las partes interesadas, la existencia de una devoradora pasión de energía elemental. Tampoco ha advertido nunca la muchacha ninguna de las premisas necesarias para la explosión de tal tormenta anímica. Otras veces hallamos muchachas o mujeres aquejadas de graves depresiones, que a nuestra interrogación sobre la causa posible de su estado responden haber sentido cierto interés por una determinada persona; pero que tal inclinación no se había hecho muy profunda en ellas, habiendo desaparecido rápidamente al verse obligadas a renunciar a ella. Y, sin embargo, aquella renuncia, tan fácilmente soportada en apariencia, ha constituido la causa de la grave perturbación que les aqueja. O tropezamos con hombres que han roto fácilmente unas relaciones amorosas superficiales con mujeres a las que no creían amar y que sólo por los fenómenos consecutivos a la ruptura se dan cuenta de que las amaban apasionadamente.

Por último, también nos han causado asombro los efectos insospechados que pueden emanar de la provocación de un aborto al cual se había decidido la sujeto sin remordimiento ni vacilación algunos. Nos vemos así forzados a dar la razón a los poetas, que nos describen preferentemente personas que aman sin saberlo, no saben si aman o creen odiar a quien en realidad adoran. Parece como si las noticias que nuestra conciencia recibe de nuestra vida erótica fueran especialmente susceptibles de ser mutiladas o falseadas. En los desarrollos que preceden no he omitido, naturalmente, descontar la parte de un olvido ulterior.

4

Volvamos ahora a la discusión del caso, antes interrumpido. Nos hemos procurado una visión general de las energías que apartaron la libido de la muchacha de la disposición normal correspondiente al complejo de Edipo y la condujeron a la homosexualidad. Hemos examinado asimismo los caminos psíquicos seguidos en este proceso. A la cabeza de tales fuerzas impulsoras aparecían la impresión producida en la sujeto por el nacimiento del menor de sus hermanos, siéndonos así posible clasificar este caso como una inversión tardíamente adquirida.

Ahora bien: en este punto atrae nuestra atención una circunstancia con la que tropezamos también en otros muchos casos de explicación psicoanalítica de un proceso anímico. En tanto que perseguimos regresivamente la evolución, partiendo de su resultado final, vamos estableciendo un encadenamiento ininterrumpido y consideramos totalmente satisfactorio e incluso completo el conocimiento adquirido. Pero si emprendemos el camino inverso, partiendo de las premisas descubiertas por el análisis, e intentamos perseguir su trayectoria hasta el resultado, desaparece nuestra impresión de una concatenación necesaria e imposible de establecer en otra forma. Advertimos en seguida que el resultado podía haber sido distinto y que también hubiéramos podido llegar igualmente a comprenderlo y explicarlo. Así, pues, la síntesis no es tan satisfactoria como el análisis, o, dicho de otro modo, el conocimiento de las premisas no nos permite predecir la naturaleza del resultado.

No es difícil hallar las causas de esta singularidad desconcertante. Aunque conozcamos por completo los factores etiológicos determinantes de cierto resultado, no conocemos más que su peculiaridad cualitativa, y no su energía relativa. Algunos de ellos habrán de ser juzgados por otros, más fuertes, y no participarán en el resultado final. Pero no sabemos nunca, de antemano, cuáles de los factores determinantes resultarán ser los más fuertes y cuáles los más débiles. Sólo al final podemos decir que los que se han impuesto eran los más fuertes. Así, pues, analíticamente, puede descubrirse siempre, con toda seguridad, la causación, siendo, en cambio, imposible toda predicción sintética. De este modo, no habremos de afirmar que toda muchacha cuyos deseos amorosos, emanados de la disposición correspondiente al complejo de Edipo en los años de la pubertad, queden defraudados, se refugie en la homosexualidad. Por el contrario, creemos mucho más frecuente otras distintas reacciones a este trauma. Pero entonces habremos de suponer que en el resultado de nuestro caso han intervenido decisivamente otros factores especiales ajenos al trauma y probablemente de naturaleza más interna. No es tampoco difícil señalar cuáles.

Como es sabido, también el individuo normal precisa

cierto tiempo para decidir definitivamente el sexo sobre
el cual ha de recaer su elección de objeto. En ambos sexos son muy frecuentes, durante los primeros años siguientes a la pubertad, ciertas inclinaciones homosexuales, que se exteriorizan en amistades excesivamente intensas, de un cierto matiz sensual. Así sucedió también
en nuestra muchacha, pero tales tendencias mostraban
en ella una energía y una persistencia poco corrientes.
Además, estos primeros brotes de su ulterior homosexualidad emergieron siempre en su vida consciente, mientras
que la disposición emanada del complejo de Edipo hubo
de permanecer inconsciente, exteriorizándose tan sólo en
indicios, tales como su cariño al niño encontrado en el
paseo. Durante sus años escolares estuvo enamorada de
una profesora muy rigurosa y totalmente inasequible, o
sea de un claro subrogado materno. Ya mucho antes del
nacimiento de su hermano menor, y, por tanto, también
de las primeras reprimendas paternas, había mostrado un
vivo interés por algunas mujeres. Su libido seguía, pues,
desde época muy temprana, dos distintos cursos, de los
cuales el más superficial puede ser considerado, desde
luego, homosexual, constituyendo quizá la confirmación
directa e invariada de una fijación infantil a la madre.
Nuestro análisis se ha limitado a descubrir, probablemente, el proceso que en una ocasión favorable condujo
la corriente libidinosa heterosexual a una confluencia
con la homosexual manifiesta.

El análisis descubrió también que la muchacha integraba, desde sus años infantiles, un "complejo de masculinidad" enérgicamente acentuado. Animada, traviesa,
combativa y nada dispuesta a dejarse superar por su hermano inmediatamente menor, desarrolló, desde la fecha
de su primera visión de los genitales del hermano, una
intensa "envidia del pene", cuyas ramificaciones llena-
ban aún su pensamiento. Era una apasionada defensora

de los derechos femeninos; encontraba injusto que las muchachas no gozasen de las mismas libertades que los muchachos, y se rebelaba en general contra el destino de la mujer. En la época del análisis, las ideas del embarazo y del parto le eran especialmente desagradables, en gran parte, a mi juicio, por la deformación física concomitante a tales estados. Su narcisismo juvenil, que no se exteriorizaba ya como orgullo por su belleza, se manifestaba aun en esta defensa. Diversos indicios hacían suponer en ella una tendencia al placer sexual visual y al exhibicionismo, muy intensa en épocas anteriores. Aquellos que no quieren ver restringidos los derechos de la adquisición en la etiología harán observar que esta conducta de la muchacha era precisamente la que había de ser determinada por la acción conjunta del disfavor materno y de la comparación de sus genitales con los del hermano, dada una intensa fijación a la madre. También existe aquí una posibilidad de reducir al efecto de una influencia exterior, tempranamente eficaz, algo que nos hubiésemos inclinado a considerar como una peculiaridad constitucional. Pero también una parte de esta adquisición —si es que realmente tuvo lugar— habrá de ser atribuida a la constitución congénita. Así se mezcla y se funde constantemente en la práctica aquello que en teoría quisiéramos separar como antitético, o sea, la herencia y la adquisición.

Una conclusión anterior y provisional del análisis nos había llevado a afirmar que se trataba de un caso de adquisición tardía de la homosexualidad. Pero nuestro nuevo examen del material nos conduce más bien a la conclusión de la existencia de una homosexualidad congénita, que había seguido la trayectoria habitual, no fijándose ni exteriorizándose de un modo inconfundible hasta después de la pubertad. Cada una de estas clasificaciones no responde sino a una parte de lo descubierto por la observación, desatendiendo la otra parte. Lo exacto será no conceder gran valor a esta cuestión.

La literatura de la homosexualidad acostumbra no separar los problemas de la elección de objeto de los correspondientes a los caracteres sexuales somáticos y psíquicos, como si la solución dada a uno de estos puntos trajese necesariamente consigo la de los restantes. Pero la experiencia nos enseña todo lo contrario: un hombre en el que predominan las cualidades masculinas y cuya vida erótica siga también el tipo masculino, puede, sin embargo, ser invertido en lo que respecta al objeto y amar únicamente a los hombres y no a las mujeres. En cambio, un hombre en cuyo carácter predominen las cualidades femeninas y que se conduzca en el amor como una mujer, debía ser impulsado, por esta disposición femenina, a hacer recaer sobre los hombres su elección de objeto, y, sin embargo, puede ser muy bien heterosexual, y no mostrar, con respecto al objeto, un grado de inversión mayor que el corrientemente normal. Lo mismo puede decirse de las mujeres; tampoco en ellas aparecen estrechamente relacionados el carácter sexual y la elección de objeto. Así, pues, el enigma de la homosexualidad no es tan sencillo como suele afirmarse tendenciosamente en explicaciones como la que sigue: un alma femenina y que, por tanto, ha de amar al hombre, ha sido infundida, para su desgracia, en un cuerpo masculino, o inversamente, un alma masculina, irresistiblemente atraída por la mujer, se halla desdichadamente ligada a un cuerpo femenino. Trátase más bien de tres series de caracteres:

> *Caracteres sexuales somáticos.*
> (Hermafroditismo físico.)
> *Carácter sexual psíquico.*
> Actitud masculina.
> » femenina.
> *Tipo de la elección de objeto.*

que varían con cierta independencia unos de otros y aparecen en todo individuo diversamente combinados. La literatura tendenciosa ha dificultado la visión de estas relaciones, presentando en primer término, por motivos prácticos, la elección de objeto, singular tan sólo para el profano y estableciendo una relación demasiado estrecha entre tal elección y los caracteres sexuales somáticos. Pero, además, se cierra el camino que conduce a un más profundo conocimiento de aquello a lo que se da uniformemente el nombre de homosexualidad, al rebelarse contra dos hechos fundamentales descubiertos por la investigación psicoanalítica. En primer lugar, el de que los hombres homosexuales han pasado por una fijación especialmente intensa a la madre, y en segundo, el de que todos los normales dejan reconocer, al lado de su heterosexualidad manifiesta, una considerable magnitud de homosexualidad latente o inconsciente. Teniendo en cuenta estos descubrimientos, desaparece, claro está, la posibilidad de admitir un "tercer sexo", creado por la naturaleza en un momento de capricho.

El psicoanálisis no está precisamente llamado a resolver el problema de la homosexualidad. Tiene que contentarse con descubrir los mecanismos psíquicos que han determinado la decisión de la elección de objeto y perseguir los caminos que enlazan tales mecanismos con las disposiciones instintivas. En este punto abandona el terreno a la investigación biológica, a la cual han aportado ahora los experimentos de Steinach tan importantes conclusiones sobre el influjo ejercido por la primera serie de caracteres antes establecida, sobre las otras dos. El psicoanálisis se alza sobre el mismo terreno que la biología al aceptar como premisa una bisexualidad original del individuo humano (o animal). Pero no puede explicar la esencia de aquello que en sentido convencional o biológico llamamos masculino y femenino; acoge am-

bos conceptos y los sitúa en la base de sus trabajos. Al
intentar una mayor reducción, la masculinidad se le convierte en actividad y la femineidad en pasividad, y esto
es muy poco. Anteriormente he intentado exponer hasta
qué punto podemos esperar que la labor analítica pueda
procurarnos un medio de modificar la inversión. Si com-
paramos el influjo analítico a las magnas transformacio-
nes logradas por Steinach en sus operaciones, habremos
de reconocer su insignificancia. Sin embargo, sería prematuro o exagerado concebir ya la esperanza de una terapia generalmente aplicable a la inversión. Los casos
de homosexualidad masculina tratados con éxito por
Steinach cumplían la condición, no siempre dada, de presentar un marcado hermafroditismo somático. Por otro
lado, no se ve aún claramente la posibilidad de una terapia análoga de la homosexualidad femenina. Si hubiera
de consistir en la ablación de los ovarios probablemente
hermafroditas y el injerto de otros de supuesta unisexua-
lidad, no podrían esperarse de ella ciertamente grandes
aplicaciones prácticas. Un individuo femenino que se ha
sentido masculino y ha amado en forma masculina no
se dejará imponer el papel femenino si ha de pagar esta
transformación, no siempre ventajosa, con la renuncia a
la maternidad.

Año 1920

1

Los celos, como la tristeza, cuentan entre aquellos estados afectivos que hemos de considerar normales. De este modo, cuando parecen faltar en el carácter y en la conducta de un individuo, deducimos justificadamente que han sucumbido a una enérgica represión y desempeñan, por consecuencia, en su vida anímica inconsciente un papel tanto más importante. Los casos de celos anormalmente intensos observados en el análisis muestran tres distintos estratos o grados, que podemos calificar en la siguiente forma: 1.°, celos *concurrentes* o normales; 2.°, celos *proyectados*, y 3.°, celos *delirantes*.

Sobre los celos normales poco puede decir el análisis. No es difícil ver que se componen esencialmente de la tristeza y el dolor por el objeto erótico que se cree perdido, de la ofensa narcisista en cuanto nos es posible diferenciarla de los elementos restantes y, por último, de sentimientos hostiles contra el rival preferido y de una aportación más o menos grande de autocrítica que quiere hacer responsable al propio *yo* de la pérdida amorosa. Estos celos no son, aunque los calificamos de normales, completamente racionales; esto es, nacidos de circunstancias actuales, proporcionados a la situación real y dominados sin residuo alguno por el *yo* consciente, pues demuestran poseer profundas raíces en lo inconsciente, continúan impulsos muy tempranos de la afectividad infantil y proceden del complejo de Edipo o del complejo fraterno del período sexual. Es también singular que muchas personas los experimenten de un modo bisexual, apareciendo como causa eficiente de su intensificación en el hombre, además del dolor por la pérdida de la mujer amada y el odio contra el rival masculino, la tristeza por la pérdida del hombre inconscientemente amado y el odio contra la mujer considerada como rival. Sé también de un individuo que sufría extraordinariamente en sus ataques de celos y que confesaba deber sus mayores tormentos a su identificación consciente con la mujer infiel. La sensación de abandono que experimentaba entonces y las imágenes con las que describía su estado, diciendo sentirse como Prometeo, encadenado y entregado a la voracidad de los buitres, o arrojado en un nido de serpientes, eran referidas por el sujeto mismo a la impresión de varios ataques homosexuales de los que había sido objeto en su infancia.

Los celos del segundo grado, o celos *proyectados*, nacen, tanto en el hombre como en la mujer, de las propias infidelidades del sujeto o del impulso a cometerlas; relegado, por la represión, a lo inconsciente. Sabido es que la fidelidad, sobre todo la exigida en el matrimonio, lucha siempre con incesantes tentaciones. Precisamente aquellos que niegan experimentar tales tentaciones sienten tan enérgicamente su presión que suelen acudir a un mecanismo inconsciente para aliviarla, y alcanzan tal alivio e incluso una absolución completa por parte de su conciencia moral, proyectando sus propios impulsos a la infidelidad sobre la persona a quien deben guardarla. Este poderoso motivo puede luego servirse de las percepciones que delatan los impulsos inconscientes análogos de la otra persona y justificarse entonces con la reflexión de que aquélla no es, probablemente, mucho mejor [1].

Las costumbres sociales han tenido en cuenta prudentemente estos hechos y han dado cierto margen al deseo de gustar de la mujer casada y al deseo de conquistar del hombre casado, esperando derivar así fácilmente la indudable inclinación a la infidelidad y hacerla inofensiva. Determinan que ambas partes deben tolerarse mutuamente esos pequeños avances hacia la infidelidad y consiguen, por lo general, que el deseo encendido por un objeto ajeno sea satisfecho en el objeto propio; lo que equivale a un cierto retorno a la fidelidad. Pero el celoso se niega a reconocer esta tolerancia convencional. No cree que sea posible una detención o un retorno en el camino de la infidelidad, ni que el "flirt" constituya un seguro contra la verdadera infidelidad. En el tratamiento de tales sujetos celosos ha de evitarse discutirles el material en el que se apoyan, y sólo puede intentarse modificar su interpretación del mismo.

Los celos surgidos por tal proyección tienen, desde luego, un carácter casi delirante; pero no resisten a la labor analítica, que descubre las fantasías inconscientes subyacentes, cuyo contenido es la propia infidelidad. Mucho menos favorable resulta el caso de los celos del tercer grado o propiamente *delirantes*. También éstos nacen de tendencias infieles reprimidas, pero los objetos de las fantasías son de carácter homosexual. Los celos delirantes corresponden a una homosexualidad, y ocupan con pleno derecho un lugar entre las formas clásicas de la paranoia. Como tentativa de defensa contra un poderoso impulso homosexual podrían ser descritos (en el hombre) por medio de la siguiente fórmula: No soy *yo* quien le ama, es *ella*.

En un caso de celos delirantes habremos de estar preparados a encontrar celos de los tres grados y no únicamente del tercero.

2

Paranoia. Por razones ya conocidas, la mayoría de los casos de paranoia se sustrae a la investigación analítica. No obstante, me ha sido posible descubrir recientemente, por el estudio intenso de dos paranoicos, algunos datos nuevos.

El primer caso era el de un hombre joven, aquejado de celos paranoicos plenamente desarrollados y relativos a su mujer, intachablemente fiel. Había pasado por un período tempestuoso, en el que su manía le había dominado sin interrupción; pero al acudir a mí no producía ya sino ataques precisamente separados, que duraban varios días, y presentaban la singularidad de surgir siempre al día siguiente de un coito conyugal, plenamente satisfactorio, por lo demás, para ambas partes. Esta singularidad parece autorizarnos a concluir que una vez satisfecha la libido heterosexual, los componentes homosexuales coexcitados se manifestaban en el ataque de celos.

El ataque extraía su material de la observación de aquellos signos, imperceptibles para toda otra persona, en los que podía haberse transparentado la coquetería natural de su mujer, totalmente inconsciente. Haber rozado con la mano distraídamente al señor que estaba a

su lado; haber inclinado demasiado su rostro hacia él,
o de haber sonreído con gesto más amable del suyo habitual cuando se hallaba sola con su marido. Para todas
estas manifestaciones de lo inconsciente en su mujer
mostraba el marido una extraordinaria atención, y sabía
interpretarlas siempre exactamente; de manera que en
realidad tenía siempre razón, e incluso podía acogerse al
psicoanálisis para justificar sus celos. En realidad, su anormalidad se reducía a observar lo inconsciente de su
mujer más penetrantemente y a darle mayor importancia
de lo que cualquier otra persona le hubiera atribuido.

Recordamos que también los paranoicos perseguidos
se comportan muy análogamente. Tampoco reconocen
nada indiferente en la conducta de los demás, y su "manía de relación" les lleva a valorar los más pequeños
signos, producidos por las personas con quienes tropiezan. El sentido de esta manía de relación es el de que
esperan de todo el mundo algo como amor, y aquellas
personas no les muestran nada semejante: sonríen a sus
propios pensamientos; juegan con el bastón, o escupen
en el suelo al pasar junto a ellos; cosas todas que nadie
hace realmente cuando se encuentra al lado de una persona que le inspira algún interés amistoso. Sólo lo ha-
cemos cuando tal persona nos es completamente indiferente y no existe casi para nosotros, y dada la afinidad
fundamental de los conceptos de "extraño" y "enemi-
go", no puede decirse que el paranoico se equivoque tanto al sentir tal indiferencia como hostilidad en relación
a su demanda de amor.

Sospechamos ahora que hemos descrito muy insufi-
cientemente la conducta del paranoico celoso o perseguido al decir que proyecta hacia el exterior sobre otras
personas aquello que no quiere percibir en su propio
interior.

Desde luego, realizan tal proyección; pero no proyectan, por decirlo así, al buen tuntún, o sea donde no existe nada semejante, sino que se dejan guiar por su conocimiento de lo inconsciente, y desplazan sobre lo inconsciente de los demás la atención que desvían del suyo propio. Nuestro celoso reconoce la infidelidad de su mujer en lugar de la suya propia; ampliando gigantescamente en su conciencia la infidelidad de su mujer, consigue mantener inconsciente la suya. Si vemos en este ejemplo un modelo, habremos de concluir que también la hostilidad que el perseguido atribuye a los demás es un reflejo de sus propios sentimientos, hostiles contra ellas. Pero como el paranoico convierte en su perseguidor a la persona de su propio sexo que le es más querida, habremos de preguntarnos de dónde procede esta inversión del afecto, y la respuesta más próxima sería la de que la ambivalencia sentimental siempre existente, procuraría la base del odio, intensificado luego por el incumplimiento de las aspiraciones amorosas. La ambivalencia sentimental sirve así al perseguido para rechazar la homosexualidad, como los celos a nuestro paciente.

Los sueños de nuestro celoso me produjeron una gran sorpresa. No surgían simultáneamente a la emergencia del ataque, pero sí aún bajo el dominio del delirio. No representaban carácter delirante alguno, y los impulsos homosexuales subyacentes no se mostraban en ellos más disfrazados que en general. Mi escasa experiencia sobre los sueños de individuos paranoicos me inclinó a suponer, en general, que la paranoia no penetraba hasta los sueños.

No era difícil descubrir los impulsos homosexuales de este paciente. Carecía de amistades y de intereses sociales, dándonos así la impresión de que su delirio se había encargado de desarrollar sus relaciones con los hombres, como para reparar una omisión anterior. La falta de personalidad del padre dentro de su familia y un vergonzoso trauma homosexual experimentado en años tempranos de su adolescencia, habían actuado conjuntamente para reprimir su homosexualidad y mostrarle el camino de la sublimación. Toda su adolescencia aparecía dominada por una intensa adhesión a su madre, cuyo favorito era, y en esta relación hubo de desarrollar ya intensos celos del tipo normal. Al contraer luego matrimonio, impulsado principalmente por la idea de hacer rica a su madre, su deseo de una madre virginal se exteriorizó en dudas obsesivas sobre la virginidad de su prometida. Durante los primeros años de su matrimonio no mostró celos ningunos. Más tarde cometió una infidelidad, entablando unas prolongadas relaciones extraconyugales. Luego, al verse impulsado a romper estas relaciones por una determinada sospecha, surgieron en él celos del segundo tipo, o sea de proyección, que le permitían mitigar el remordimiento de su infidelidad. Estos celos se complicaron en seguida con la emergencia de impulsos homosexuales, orientados hacia la persona de su propio suegro, constituyéndose así una plena paranoia celosa.

Mi segundo caso no hubiera sido diagnosticado seguramente, fuera del análisis, de paranoia persecutoria; pero los resultados analíticos obtenidos me obligaron a ver, por lo menos, en el sujeto un candidato a tal perturbación. Mostraba una amplísima ambivalencia con respecto a su padre, siendo, por un lado, el tipo perfecto del hijo rebelde, que se aparta manifiestamente, en todo, de los deseos e ideales del padre, y por otro, en un estrato más profundo, un hijo tan respetuoso y abnegado que después de la muerte del padre, e impulsado por una conciencia de culpabilidad, se prohibía el goce de la mujer. Sus relaciones reales con los hombres aparecían claramente situadas bajo el signo de la desconfianza; su clara inteligencia le llevaba a racionalizar esta actitud, y sabía arreglárselas de manera que siempre acababa siendo engañado y explotado por sus amigos y conocidos. Este caso me reveló que pueden existir ideas persecutorias clásicas sin que el mismo sujeto les dé crédito ni valor alguno. Tales ideas emergían de cuando en cuando en el análisis, y el sujeto mismo se burlaba de ellas, sin concederles la menor importancia. Esta singular circunstancia debe aparecer seguramente en muchos casos de paranoia, resultando así que las ideas delirantes exteriorizadas por el enfermo al hacer explosión la enfermedad y en las que vemos productos psíquicos recientes, pueden venir existiendo desde mucho tiempo atrás.

Me parece muy importante el hecho de que el factor cualitativo constituido por la existencia de ciertos productos neuróticos demuestre entrañar menor importancia práctica que el factor cuantitativo representado por el grado de atención o, mejor dicho, de carga psíquica, que tales productos pueden atraer a sí. El examen de nuestro primer caso de paranoia celosa nos invitaba ya a esta misma valoración del factor cuantitativo, mostrándonos que la anormalidad consistía esencialmente en la exagerada intensificación de la carga psíquica adscrita a las interpretaciones de lo inconsciente ajeno. El análisis de la histeria nos ha revelado igualmente, hace ya mucho tiempo, un hecho análogo. Las fantasías patógenas, ramificaciones de los impulsos instintivos reprimidos, son toleradas durante un largo período al lado de la vida anímica normal y no adquieren eficacia patógena hasta que una modificación de la economía de la libido hace afluir a ellas una carga psíquica muy intensa, siendo entonces cuando surge el conflicto que conduce a la producción de síntomas. Así, pues, los progresos de nuestro conocimiento nos invitan cada vez más apremiantemente a situar en primer término el punto de vista econó-

mico. Habremos de preguntarnos también si el factor
cuantitativo aquí acentuado no habrá de bastar para explicar aquellos fenómenos para los cuales se quiere introducir ahora el concepto de "Schaltung" (Bleuler y
otros.) Bastaría suponer que un incremento de la resistencia en una de las direcciones del curso psíquico provoca una sobrecarga en otra de sus direcciones, produ-
ciendo así la inclusión de la misma en dicho curso.

Los dos casos de paranoia a que nos venimos refiriendo mostraban una oposición muy instructiva en cuanto
a los sueños. Mientras que en nuestro primer caso aparecían éstos, como ya indicamos, totalmente libres de
delirio, el otro paciente producía numerosos sueños per-
secutorios, en los que podíamos ver premisas o productos
sustitutivos de las ideas delirantes de igual contenido. El
perseguidor, al que sólo lograba escapar con grandes an-
gustias, era, en general, un toro y otro símbolo semejante
de la virilidad, reconocido algunas veces en el mismo
sueño como una representación de la personalidad pater-
na. En una de las sesiones del tratamiento me relató el
paciente un sueño paranoico de transferencia muy característico. Me veía afeitarme en presencia suya y advertía,
por el olor, que yo usaba el mismo jabón que su padre.
Esto lo hacía yo para forzarle a transferir sobre mi
persona los impulsos correspondientes al complejo pa-
terno. En la elección de la situación soñada se demostraba
claramente el poco valor atribuido por el paciente a sus
fantasías paranoicas y el escaso crédito que les concedía,
pues todos los días le era posible comprobar con sus propios ojos que yo no podía ofrecerle la situación soñada,
puesto que conservo la barba, no pudiendo enlazarse, por
tanto, a semejante situación la transferencia supuesta.
Pero, además, la comparación de los sueños de nuestros
dos pacientes nos enseña que el problema antes planteado
de si la paranoia (u otra psiconeurosis) puede penetrar

también o no hasta el sueño, reposa en una concepción inexacta de este fenómeno. El sueño se diferencia del pensamiento despierto en que puede acoger contenidos pertenecientes al dominio de lo reprimido, los cuales no deben surgir en dicho pensamiento. Fuera de esto, no es más que una *forma del pensamiento,* una transformación del material mental preconsciente, realizada por la elaboración onírica. Nuestra terminología de las neurosis no es aplicable a lo reprimido, que no puede ser histérico, ni obsesivo, ni paranoico. En cambio, los otros elementos del material utilizado para la formación del sueño, esto es, las ideas preconscientes pueden ser normales o presentar el carácter de una neurosis cualquiera. Las ideas preconscientes pueden ser resultados de todos aquellos procesos patógenos en los que reconocemos la esencia de una neurosis. No hay motivo ninguno para pensar que tales ideas patológicas no puedan transformarse en un sueño. Por tanto, un sueño puede corresponder a una fantasía histérica, a una representación obsesiva o a una idea delirante; esto es, puede ofrecernos uno de tales productos como resultado de su interpretación. Nuestra observación de los dos casos de paranoia aquí descritos nos mostró, en uno de ellos, sueños completamente normales, no obstante hallarse el sujeto bajo el imperio del ataque, y, en cambio, en el otro, sueños de contenido paranoico en un período en el que el individuo se burlaba aún de sus ideas delirantes. Así, pues, el sueño ha acogido, en ambos casos, los elementos rechazados por el pensamiento despierto. Pero tampoco esto ha de ser necesariamente lo general.

3

Homosexualidad. El reconocimiento del factor orgánico de la homosexualidad no nos evita la obligación de estudiar los procesos psíquicos de su génesis. El proceso típico, comprobado ya en un gran número de casos, consiste en que algunos años después de la pubertad, el adolescente, fijado hasta entonces intensamente a su madre, se identifica con ella y busca objetos eróticos en los que le sea posible volver a encontrarse a sí mismo y a los cuales querrá entonces amar como la madre le ha amado a él. Como signo característico de este proceso se establece generalmente, y para muchos años, la condición erótica de que los objetos masculinos tengan aquella edad en la que se desarrolló en el sujeto la transformación antes descrita.

Hemos descubierto varios factores que contribuyen probablemente en distinta proporción a este resultado.

En primer lugar, la fijación a la madre, que dificulta la transición a otro objeto femenino. La identificación con la madre es un desenlace de esta adherencia al objeto y permite al mismo tiempo al sujeto mantenerse fiel, en cierto sentido, a este primer objeto. Luego, la inclinación a la elección narcisista de objeto, más próxima y más difícil que la orientación hacia el otro sexo. Detrás de este factor se oculta otro de singular energía o quizá conocida con él: la alta valoración concedida al órgano viril y la incapacidad de renunciar a su existencia en el objeto erótico. El desprecio a la mujer, su repulsa y hasta el horror a ella se derivan generalmente del descubrimiento hecho en edad temprana de que la mujer carece de pene. Más tarde se nos muestra también como un poderoso motivo de la elección de objeto homosexual el respeto o miedo al padre, toda vez que la renuncia a la mujer significa que el sujeto elude la competencia con el padre (o con todas las personas masculinas que lo representan). Los dos últimos motivos, la conservación de la condición del pene y la renuncia a la competencia con el padre, pueden ser adscritos al complejo de la castración. Así, pues, los factores de la etiología psíquica de la homosexualidad descubiertos hasta ahora son la adherencia a la madre, el narcisismo y el temor a la castración, factores que, desde luego, no deben ser considerados específicos. A ellos se agrega luego la influencia de la iniciación sexual, responsable de una prematura fijación de la libido, y la del factor orgánico, que favorece la adopción del papel pasivo en la vida erótica.

Pero no hemos creído nunca que este análisis de la génesis de la homosexualidad fuera completo. Así habremos hoy de señalar un nuevo mecanismo conducente a la elección homosexual de objeto, aunque no podamos todavía indicar en qué proporción contribuye a producir la homosexualidad extrema, manifiesta y exclusiva. El material de observación nos ha ofrecido varios casos en los que resulta posible comprobar la emergencia infantil de enérgicos impulsos celosos emanados del complejo materno y orientados contra un rival, casi siempre contra un hermano mayor del individuo. Estos celos condujeron a actitudes intensamente hostiles y agresivas contra dicho hermano, llevadas hasta desearle la muerte, pero que sucumbieron luego a la evolución. Bajo el influjo de la educación, y seguramente también a causa de la impotencia permanente de tales impulsos, quedaron éstos reprimidos y transformados en tal forma que las personas antes consideradas como rivales se convirtieron en los primeros objetos eróticos homosexuales. Este desenlace de la fijación de la madre muestra múltiples relaciones interesantes con otros procesos ya conocidos. Constituye, en primer lugar, una completa antítesis de la evolución de la paranoia persecutoria, en la cual las personas amadas se convierten en perseguidores odiados, mientras que en nuestro caso actual los rivales odiados se transforman en objetos amorosos. Se nos muestra también como una exageración de aquel proceso que, según nuestra hipótesis, conduce de la génesis individual a los instintos sociales. En uno y otro lado existen al principio impulsos celosos y hostiles que no pueden alcanzar satisfacción, surgiendo entonces sentimientos amorosos y sociales de identificación como reacciones contra los impulsos agresivos reprimidos.

Este nuevo mecanismo de la elección de objeto homosexual, o sea, su génesis como resultado de una rivalidad no dominada y de tendencias agresivas reprimidas, aparece mezclado, en algunos casos, con las condiciones típicas ya conocidas. La historia de algunos homosexuales nos revela que su transformación se inició después de una ocasión en que la madre hubo de alabar a otro niño, presentándolo como modelo. Este hecho estimuló la tendencia a la elección narcisista de objeto, y después de una breve fase de intensos celos, quedó elegido el rival como objeto erótico. Fuera de esto, el nuevo mecanismo se diferencia en que la transformación tiene lugar en años mucho más tempranos y en que la identificación con la madre retrocede a un último término. En los dos casos por mí observados, no condujo tampoco sino a una simple actitud homosexual, que no excluía la heterosexualidad ni provocaba un horror a la mujer.

Sabemos ya que cierto número de individuos homosexuales se distingue por su desarrollo especialmente considerable de los impulsos instintivos sociales y una gran atención a los intereses colectivos. Nos inclinaríamos quizá a explicar teóricamente esta circunstancia por el hecho de que un hombre que ve en otros hombres posibles objetos eróticos tiene que conducirse, con respecto a la comunidad masculina, de un modo muy diferente al individuo que se halla forzado a ver, ante todo, en el hombre un rival en la conquista de la mujer. Pero esta explicación tropieza con el hecho de que también en el amor homosexual existen los celos y la rivalidad, y que la comunidad masculina comprende también a estos po-

sibles rivales. Pero, aun prescindiendo de estos fundamentos especulativos, no puede ser indiferente para esta
relación entre la homosexualidad y los sentimientos sociales la circunstancia de que la elección de objeto homosexual nazca muchas veces de un temprano vencimiento
de la rivalidad con el hombre.

Analíticamente acostumbramos a ver en los sentimientos sociales la sublimación de aptitudes homosexuales
con respecto al objeto. Por tanto, hemos de suponer que
los homosexuales de tendencia social, no han conseguido separar por completo los sentimientos sociales de la
elección de objeto.

Año 1922

La aparición de la tendencia masoquista en la vida instintiva humana plantea, desde el punto de vista económico, un singular enigma. En efecto, si el principio del placer rige los procesos psíquicos de tal manera que el fin inmediato de los mismos es la evitación de displacer y la consecución de placer, el masoquismo ha de resultar verdaderamente incomprensible. El hecho de que el dolor y el displacer puedan dejar de ser una mera señal de alarma y constituir un fin, supone una paralización del principio del placer: el guardián de nuestra vida anímica habría sido narcotizado.

El masoquismo se nos demuestra así como un gran peligro, condición ajena al sadismo, su contrapartida. En el principio del placer nos inclinamos a ver el guardián de nuestra existencia misma, y no sólo el de nuestra vida anímica. Se nos plantea, pues, la labor de investigar la relación del principio del placer con los dos órdenes de instintos por nosotros diferenciados —los instintos de muerte y los instintos de vida eróticos (libidinosos)—, y no nos será posible avanzar en el estudio del problema masoquista antes de haber llevado a cabo tal investigación.

En otro lugar hemos presentado el principio que rige todos los procesos anímicos como un caso especial de la *tendencia a la estabilidad* (Fechner), adscribiendo así al aparato anímico la intención de anular la magnitud de excitación a él afluyente o, por lo menos, la de mantenerla en un nivel poco elevado. Bárbara Low ha dado a esta supuesta tendencia el nombre de *principio del nirvana,* denominación que nosotros aceptamos. De momento identificaremos este principio del nirvana con el principio del placer-displacer. Todo displacer habría, pues, de coincidir con una elevación; todo placer, con una disminución de la excitación existente en lo anímico y, por tanto, el principio del nirvana (y el principio del placer que suponemos idéntico) actuaría por completo al servicio de los instintos de muerte, cuyo fin es conducir la vida inestable a la estabilidad del estado inorgánico, y su función sería la de prevenir contra las exigencias de los instintos de vida de la libido que intentan perturbar tal decurso de la vida. Pero esta hipótesis no puede ser exacta. Ha de suponerse que en la serie gradual de las sensaciones de tensión, sentimos directamente el aumento y la disminución de las magnitudes de estímulo, y es indudable que existen tensiones placientes y distensiones displacientes. El estado de excitación sexual nos ofrece un acabado ejemplo de tal incremento placiente del estímulo, y seguramente no es el único. El placer y el displacer no pueden ser referidos, por tanto, al aumento y la disminución de una cantidad a la que denominamos tensión del estímulo, aunque, desde luego, presenten una estrecha relación con este factor. Mas no parecen enlazarse a este factor cuantitativo, sino a cierto carácter del mismo, de indudable naturaleza cualitativa. Habríamos avanzado mucho en psicología si pudiéramos indicar cuál es este carácter cualitativo. Quizá sea el ritmo, el orden temporal de las modificaciones, de los aumentos y disminuciones de la cantidad de estímulo. Pero no lo sabemos.

De todos modos, hemos de reparar que el principio del nirvana adscrito al instinto de muerte ha experimentado en los seres animados una modificación que lo convirtió en el principio del placer, y en adelante evitaremos confundir en uno solo ambos principios. No es difícil adivinar, siguiendo la orientación que nos marcan estas reflexiones, el poder que impuso tal modificación. No pudo ser sino el instinto de la vida, la libido, el cual conquistó de este modo su puesto al lado del instinto de muerte en la regulación de los procesos de la vida. Se nos ofrece así una serie de relaciones muy interesantes: el *principio del nirvana* expresa la tendencia del instinto de muerte; el *principio del placer* representa la aspiración de la libido; y la modificación de este último principio, el *principio de la realidad,* corresponde a la influencia del mundo exterior.

Ninguno de estos principios queda propiamente anulado por los demás, y en general coexisten los tres armónicamente, aunque en ocasiones hayan de surgir conflictos provocados por la diversidad de sus fines respectivos, la disminución cuantitativa de la carga de estímulo, la constitución de un carácter cualitativo de la misma o el aplazamiento temporal de la descarga de estímulos y la aceptación provisional de la tensión displaciente.

Todas estas reflexiones culminan en la conclusión de que no es posible dejar de considerar el principio del placer como guardián de la vida.

Volvamos ahora al masoquismo, el cual se ofrece a nuestra observación en tres formas distintas; como condicionante de la excitación sexual, como una manifestación de la femineidad y como una norma de la conducta vital. Correlativamente podemos distinguir un masoquismo erógeno, femenino y moral. El primero, el masoquismo erógeno, o sea el placer en el dolor, constituye también la base de las dos formas restantes; hemos de atribuirle causas biológicas y constitucionales y permanece inexplicable si no nos arriesgamos a formular algunas hipótesis sobre ciertos extremos, harto oscuros. La tercera forma del masoquismo, y en cierto sentido la más importante, ha sido explicada recientemente por el psicoanálisis como una conciencia de culpabilidad, inconsciente en la mayor parte de los casos, quedando plenamente aclarada y adscrita a los restantes descubrimientos analíticos. Pero la forma más fácilmente asequible a nuestra observación es el masoquismo femenino, que no plantea grandes problemas y de cuyas relaciones obtenemos pronto una clara visión total. Comenzaremos, pues, por él nuestra exposición.

Esta forma del masoquismo en el hombre (al que por razones dependientes de nuestro material de observación nos limitaremos) nos es suficientemente conocida por las fantasías de sujetos masoquistas (e impotentes muchas veces a causa de ello), las cuales fantasías culminan en actos onanistas o representan por sí solas una satisfacción sexual. Con estas fantasías coinciden luego por completo las situaciones reales creadas por los perversos masoquistas, bien como fin en sí, bien como medio de conseguir la erección y como introducción al acto sexual. En ambos casos —las situaciones creadas no son sino la representación plástica de las fantasías—, el contenido manifiesto consiste en que el sujeto es amordazado, maniatado, golpeado, fustigado, maltratado en una forma cualquiera, obligado a una obediencia incondicional, ensuciado o humillado. Mucho más raramente, y sólo con grandes restricciones, es incluida· en este contenido una mutilación. La interpretación más próxima y fácil es la de que el masoquista quiere ser tratado como un niño pequeño, inerme y falto de toda independencia, pero especialmente como un niño malo. Creo innecesaria una exposición casuística; el material es muy homogéneo y accesible a todo observador, incluso a los no analíticos. Ahora bien: cuando tenemos ocasión de estudiar algunos casos en los cuales las fantasías masoquistas han pasado por una elaboración especialmente amplia, descubrimos fácilmente que el sujeto se transfiere en ellas a una situación característica de la femineidad: ser castrado, soportar el coito o parir. Por esta razón he calificado *a potiori* de femenina esta forma del masoquismo, aunque muchos de sus elementos nos orientan hacia la vida infantil. Más adelante hallaremos una sencilla explicación de esta superestructuración de lo infantil y lo femenino. La castración o la pérdida del sentido de la vista, que puede representarla simbólicamente, deja muchas veces su huella negativa en dichas fantasías, estableciendo en ellas la condición de que ni los genitales ni los ojos han de sufrir daño alguno. (De todas formas, los tormentos masoquistas no son nunca tan impresionantes como las crueldades fantaseadas o escenificadas del sadismo.) En el contenido manifiesto de las fantasías masoquistas se manifiesta también un sentimiento de culpabilidad al suponerse que el individuo correspondiente ha cometido algún hecho punible (sin determinar cuál) que ha de ser castigado con dolorosos tormentos. Se nos muestra aquí algo como una racionalización superficial del contenido masoquista; pero detrás de ella se oculta una relación con la masturbación infantil. Este factor de la culpabilidad conduce, por otro lado, a la tercera forma, o forma moral, del masoquismo.

El masoquismo femenino descrito reposa por completo en el masoquismo primario erógeno, el placer en el dolor, para cuya explicación habremos de llevar mucho más atrás nuestras reflexiones.

En mis *Tres ensayos sobre una teoría sexual*, y en el capítulo dedicado a las fuentes de la sexualidad infantil, afirmé que la excitación sexual nace, como efecto secundario, de toda una serie de procesos internos en cuanto la intensidad de los mismos sobrepasa determinados límites cuantitativos. Puede incluso decirse que todo proceso algo importante aporta algún componente a la excitación del instinto sexual. En consecuencia, también la excitación provocada por el dolor y el displacer ha de tener tal consecuencia. Esta coexcitación libidinosa en la tensión correspondiente al dolor o al displacer sería un mecanismo fisiológico infantil que desaparecería luego. Variable en importancia, según la constitución sexual del sujeto, suministraría en todo caso la base sobre la cual puede alzarse más tarde, como superestructura psíquica, el masoquismo erógeno.

Esta explicación nos resulta ya insuficiente, pues no arroja luz ninguna sobre las relaciones íntimas y regulares del masoquismo con el sadismo, su contrapartida en la vida instintiva. Si retrocedemos aún más, hasta la hipótesis de los dos órdenes de instintos que suponemos actúan en los seres animados, descubrimos una distinta derivación, que no contradice, sin embargo, la anterior. La libido tropieza en los seres animados (pluricelulares) con el instinto de muerte o de destrucción en ellos dominantes, que tiende a descomponer estos seres celulares y a conducir cada organismo elemental al estado de estabilidad anorgánica (aun cuando tal estabilidad sólo sea relativa). Se le plantea, pues, la labor de hacer inofensivo este instinto destructor, y la lleva a cabo orientándolo en su mayor parte, y con ayuda de un sistema orgánico especial, el sistema muscular, hacia fuera, contra los objetos del mundo exterior. Tomaría entonces el nombre de instinto de destrucción, instinto de aprehensión o voluntad de poderío. Una parte de este instinto queda puesta directamente al servicio de la función sexual, cometido en el que realizará una importantísima labor. Este es el sadismo propiamente dicho. Otra parte no colabora a esta transposición hacia lo exterior, pervive en el organismo y queda fijada allí libidinosamente con ayuda de la coexcitación sexual antes mencionada. En ella hemos de ver el masoquismo primitivo erógeno.

Carecemos por completo de un conocimiento psicológico de los caminos y los medios empleados en esta doma del instinto de muerte por la libido. Analíticamente, sólo podemos suponer que ambos instintos se mezclan formando una amalgama de proporciones muy variables. No esperaremos, pues, encontrar instintos de muerte o instintos de vida puros, sino distintas combinaciones de los mismos. A esta mezcla de los instintos puede corresponder, en determinadas circunstancias, su separación. Por ahora no es posible adivinar qué parte de los instintos de muerte es la que escapa a tal doma, ligándose a elementos libidinosos.

Aunque no con toda exactitud, puede decirse que el instinto de muerte que actúa en el organismo —el sadismo primitivo— es idéntico al masoquismo. Una vez que su parte principal queda orientada hacia el exterior y dirigida sobre los objetos, perdura en lo interior, como residuo suyo, el masoquismo erógeno propiamente dicho, el cual ha llegado a ser, por un lado, un componente de la libido; pero continúa, por otro, teniendo como objeto el propio individuo.

Así, pues, este masoquismo sería un testimonio y una

supervivencia de aquella fase de la formación en la que se formó la amalgama entre el instinto de muerte y el Eros, suceso de importancia esencial para la vida. No nos asombrará oír, por tanto, que en determinadas circunstancias el sadismo o instinto de destrucción orientado hacia el exterior o proyectado puede ser vuelto hacia el interior, o sea introyectado de nuevo, retornando así por regresión a su situación anterior. En este caso producirá el masoquismo secundario que se adiciona al primitivo.

El masoquismo primitivo pasa por todas las fases evolutivas de la libido y toma de ellas sus distintos aspectos psíquicos. El miedo a ser devorado por el animal totémico (el padre) procede de la primitiva organización oral; el deseo de ser maltratado por el padre, de la fase sádicoanal inmediata; la fase fálica de la organización introduce en el contenido de las fantasías masoquistas la castración; más tarde, excluida de ellas y de la organización genital definitiva, se derivan naturalmente las situaciones femeninas, características, de ser sujeto pasivo del coito y parir. También nos explicamos fácilmente el importante papel desempeñado en el masoquismo por una cierta parte del cuerpo humano (las nalgas), pues es la parte del cuerpo erógenamente preferida en la fase sádico-anal, como las mamas en la fase oral y el pene en la fase genital.

La tercera forma del masoquismo, el masoquismo moral, resulta, sobre todo, singular, por mostrar una relación mucho menos estrecha con la sexualidad. A todos los demás tormentos masoquistas se enlaza la condición de que provengan de la persona amada y sean sufridos por orden suya, limitación que falta en el masoquismo moral. Lo que importa es el sufrimiento mismo, aunque no provenga del ser amado, sino de personas indiferentes o incluso de poderes o circunstancias impersonales. El

verdadero masoquismo ofrece la mejilla a toda posibilidad de recibir un golpe. Nos inclinaríamos, quizá, a prescindir de la libido en la explicación de esta conducta, li-
mitándonos a suponer que el instinto de destrucción ha
sido nuevamente orientado hacia el interior y actúa contra
el propio *yo;* pero hemos de tener en cuenta que los
usos del lenguaje han debido de hallar algún fundamento
para no haber abandonado la relación de esta norma de
conducta con el erotismo y dar también a estos individuos que se martirizan a sí mismos el nombre de masoquistas.

Fieles a una costumbre técnica, nos ocuparemos primeramente de la forma externa, indudablemente patológica, de este masoquismo. Ya en otro lugar expusimos
que el tratamiento analítico nos presenta pacientes cuya
conducta contra el influjo terapéutico nos obliga a ads-
cribirles un sentimiento "inconsciente" de culpabilidad.
En este mismo trabajo indicamos en qué nos es posible
reconocer a tales personas ("la reacción terapéutica negativa"), y no ocultamos tampoco que la energía de tales
impulsos constituye una de las más graves resistencias
del sujeto y el máximo peligro para el buen resultado
de nuestros propósitos médicos o pedagógicos. La satisfacción de este sentimiento inconsciente de culpabilidad
es quizá la posición más fuerte de la "ventaja de la enfermedad", o sea de la suma de energías que se rebela
contra la curación y no quiere abandonar la enfermedad.
Los padecimientos que la neurosis trae consigo constituyen precisamente el factor que da a esta enfermedad un
alto valor para la tendencia masoquista. Resulta también
muy instructivo comprobar que una neurosis que ha
desafiado todos los esfuerzos terapéuticos puede desaparecer, contra todos los principios teóricos y contra todo
lo que era de esperar, una vez que el sujeto contrae un
matrimonio que le hace desgraciado, pierde su fortuna

o contrae una peligrosa enfermedad orgánica. Un padeci-
miento queda entonces sustituido por otro y vemos que
de lo que se trataba era tan sólo de poder conservar cierta medida de dolor.

El sentimiento inconsciente de culpabilidad no es acep-
tado fácilmente por los enfermos. Saben muy bien en
qué tormento (remordimientos) se manifiesta un sentimiento consciente de culpabilidad, y no pueden, por
tanto, convencerse de que abrigan en su interior movimientos análogos de los que nada perciben. A mi juicio,
satisfacemos en cierto modo su objeción renunciando al
nombre de "sentimiento inconsciente de culpabilidad" y
sustituyéndolo por el de "necesidad de castigo". Pero no
podemos prescindir de juzgar y localizar este sentimiento
inconsciente de culpabilidad conforme al modelo del
consciente. Hemos adscrito al *super-yo* la función de la
conciencia moral y hemos reconocido en la conciencia
de la culpabilidad una manifestación de una diferencia
entre el *yo* y el *super-yo*. El *yo* reacciona con sentimientos de angustia a la percepción de haber permanecido
muy inferior a las exigencias de su ideal, el *super-yo*.
Querremos saber ahora cómo el *super-yo* ha llegado a tal
categoría y por qué el *yo* ha de sentir miedo al surgir
una diferencia con su ideal.

Después de indicar que el *yo* encuentra su función en
unir y conciliar las exigencias de las tres instancias a
cuyo servicio se halla, añadiremos que tiene en el *super-
yo* un modelo al cual aspirar. Este *super-yo* es tanto el
representante del *ello* como el del mundo exterior. Ha
nacido por la introyección en el *yo* de los primeros objetos de los impulsos libidinosos del *ello* —el padre y la
madre—, proceso en el cual quedaron desexualizadas y
desviadas de los fines sexuales directos las relaciones del
sujeto con la pareja parental, haciéndose de este modo
posible el vencimiento del complejo de Edipo. El *super-*

yo conservó así caracteres esenciales de las personas introyectadas: su poder, su rigor y su inclinación a la vigilancia y al castigo. Como ya hemos indicado en otro lugar, ha de suponerse que la separación de los instintos, provocada por tal introducción en el *yo*, tuvo que intensificar el rigor. El *super-yo*, o sea la conciencia moral que actúa en él, puede, pues, mostrarse dura, cruel e implacable contra el *yo* por él guardado. El imperativo categórico de Kant es, por tanto, el heredero directo del complejo de Edipo.

Pero aquellas mismas personas que continúan actuando en el *super-yo*, como instancia moral después de haber cesado de ser objeto de los impulsos libidinosos del *ello*, pertenecen también al mundo exterior real. Han sido tomados de este último, y su poder, detrás del cual se ocultan todas las influencias del pasado y de la tradición, era una de las manifestaciones más sensibles de la realidad. A causa de esta coincidencia, el *super-yo*, sustitución del complejo de Edipo, llega a ser también el representante del mundo exterior real, y, de este modo el prototipo de las aspiraciones del *yo*.

El complejo de Edipo demuestra ser así, como ya lo supusimos desde el punto de vista histórico, la fuente de nuestra moral individual. En el curso de la evolución infantil, que separa paulatinamente al sujeto de sus padres, va borrándose la importancia personal de los mismos para el *super-yo*. A las "imágenes" de ellos restantes se agregan luego las influencias de los maestros del sujeto y de las autoridades por él admiradas, de los héroes elegidos por él como modelos, personas que no necesitan ya ser introyectadas por el *yo*, más resistente ya. La última figura de esta serie iniciada por los padres es el Destino, oscuro poder que sólo una limitada minoría humana llega a aprehender impersonalmente. No encontramos gran cosa que oponer al poeta holandés

Multatuli, cuando sustituye la Μοῖρα de los griegos por la pareja divina Λόγος καί Ἀναγκη, pero todos aquellos que transfieren la dirección del suceder universal a Dios, o a Dios y a la Naturaleza, despiertan la sospecha de que sienten todavía estos poderes tan extremos y lejanos como una pareja parental y se creen enlazados a ellos por ligámenes libidinosos. En *El "yo" y el "ello"* he intentado derivar el miedo real del hombre a la muerte, de tal concepción parental del Destino. Muy difícil me parece libertarnos de ella.

Después de las consideraciones preparatorias que anteceden, podemos retornar al examen del masoquismo moral. Decíamos que los sujetos correspondientes despiertan por su conducta en el tratamiento y en la vida la impresión de hallarse excesivamente coartados moralmente, encontrándose bajo el dominio de una conciencia moral singularmente susceptible, aunque esta "supermoral" no se haga consciente en ellos. Un examen más detenido nos descubre la diferencia que separa del masoquismo a tal continuación inconsciente de la moral. En esta última, el acento recae sobre el intenso sadismo del *super-yo*, al cual se somete el *yo;* en el masoquismo moral, el acento recae sobre el propio masoquismo del *yo,* que demanda castigo, sea por parte del *super-yo,* sea por los poderes parentales externos. Nuestra confusión inicial es, sin embargo, excusable, pues en ambos casos se trata de una relación entre el *yo* y el *super-yo,* o poderes equivalentes a este último, y de una necesidad satisfecha por el castigo y el dolor. Constituye, pues, una circunstancia accesoria, casi indiferente, el que el sadismo del *super-yo* se haga, por lo general, claramente consciente, mientras que la tendencia masoquista del *yo* permanece casi siempre oculta a la persona y ha de ser deducida de su conducta.

La inconsciencia del masoquismo moral nos dirige

sobre una pista inmediata. Pudimos interpretar el "sentimiento inconsciente de culpabilidad" como una necesidad de castigo por parte de un poder parental. Sabemos ya también que el deseo de ser maltratado por el padre, tan frecuente en las fantasías, se halla muy próximo al de entrar en una relación sexual pasiva (femenina) con él, siendo tan sólo una deformación regresiva del mismo. Aplicando esta explicación al contenido del masoquismo moral, se nos revelará su sentido oculto. La conciencia moral y la moral han nacido por la superación y la desexualización del complejo de Edipo; el masoquismo moral sexualiza de nuevo la moral, reanima el complejo de Edipo y provoca una regresión desde la moral al complejo de Edipo. Todo esto no beneficia ni a la moral ni al individuo. Este puede haber conservado al lado de su masoquismo plena moralidad o cierta medida de moralidad; pero también puede haber perdido, a causa del masoquismo, gran parte de su conciencia moral. Por otro lado, el masoquismo crea la tentación de cometer actos "pecaminosos", que luego habrán de ser castigados con los reproches de la conciencia moral sádica (así en tantos caracteres de la literatura rusa) o con las penas impuestas por el gran poder parental del Destino. Para provocar el castigo por esta última representación parental tiene el masoquismo que obrar inadecuadamente, laborar contra su propio bien, destruir los horizontes que se le abren en el mundo real e incluso poner término a su propia existencia real.

El retorno del sadismo contra la propia persona se presenta regularmente con ocasión del *sojuzgamiento cultural de los instintos,* que impide utilizar al sujeto en la vida una gran parte de sus componentes instintivos destructores. Podemos representarnos que esta parte rechazada del instinto de destrucción surge en el *yo* como una intensificación del masoquismo. Pero los fenómenos de la conciencia moral dejan adivinar que la destrucción que retorna al *yo* desde el mundo exterior es también acogida por el *super-yo,* aunque no haya tenido efecto la transformación indicada, quedando así intensificado su sadismo contra el *yo.* El sadismo del *super-yo* y el masoquismo del *yo* se completan mutuamente y se unen para provocar las mismas consecuencias. A mi juicio, sólo así puede comprenderse que del sujuzgamiento de los instintos resulte —con frecuencia o en general— un sentimiento de culpabilidad y que la conciencia moral se haga tanto más rígida y susceptible cuanto más ampliamente renuncia el sujeto a toda agresión contra otros. Pudiera esperarse que un individuo que se esfuerza en evitar toda agresión culturalmente indeseable habría de gozar de una conciencia tranquila y vigilar menos desconfiadamente a su *yo.* Generalmente, se expone la cuestión como si la exigencia moral fuese lo primario y la renuncia al instinto una consecuencia suya. Pero de este modo permanece inexplicado el origen de la moralidad. En realidad, parece suceder todo lo contrario; la primera renuncia al instinto es impuesta por poderes exteriores y crea entonces la moralidad, la cual se manifiesta en la conciencia moral y exige más amplia renuncia a los instintos.

El masoquismo moral resulta así un testimonio clásico de la existencia de la mezcla de los instintos. Su peligro está en proceder del instinto de muerte y corresponder a aquella parte del mismo que eludió ser proyectada al mundo exterior en calidad de instinto de destrucción. Pero, como además integra la significación de un componente erótico, la destrucción del individuo por sí propio no puede tener efecto sin una satisfacción libidinosa.

Año 1924

Notas

Capítulo 2

[1] *Über die wachsende Nervosität unserer Zeit.*, 1893.
[2] *Die Pathologie und Therapie der Neurasthenie*, 1896.
[3] *Nervosität und Neurasthenische Zustände*, año 1895.

Capítulo 3

[1] Cf. Breuer y Freud: *La histeria*, 1895; P. Janet: *Névroses et idées fixes*, I (*Les rêveries subconscientes*, 1898); Havelock Ellis: *El instinto sexual y el pudor*, 1900; Freud: *La interpretación de los sueños*, 1900; A. Pick, *Über pathologische Träumerei und ihre Beziehungen zur Hysterie*, 1896.
[2] Análoga opinión sostiene H. Ellis, *l. c.*, p. 185 y ss.
[3] Así sucede también con la relación entre las ideas "latentes" del sueño y los elementos del contenido "manifiesto" del mismo. Véase el capítulo dedicado a la "elaboración onírica" en la *Interpretación de los sueños*.

⁴ I. Sadger, que ha llegado también, independientemente, en sus psicoanálisis, al descubrimiento de este principio, sostiene su generalidad (*Die Bedeutung der Psychoanalytischen Methode nach Freud*, en *Zentralblatt für Nerv. und Psych.*, Nr. 229, 1907).

Capítulo 4

¹ Recuérdese la posesión histérica y las epidemias de satanismo.
² Jeremías: *Das Alte Testament im Lichte des alten Orients*, 2.ª ed., 1906, p. 216, y *Babylonisches im Neuen Testament*, 1906, página 96; "Mamon (Mammon) es, en babilonio, man-man, uno de los nombres de Nergal, el dios de los infiernos. El oro es, según el mito oriental, acogido luego en las leyendas y las fábulas de los pueblos, el estiércol del infierno." Véase la obra *Monotheistische Strömungen innerhalb der babylonischen Religion*, p. 16, nota 1.

Capítulo 6

¹ O. Rank: *Der Mythus von der Geburt des Helden*, 1909, 2.ª ed., 1922.
² Rank, *l. c.*
³ M. Steiner: *Die funktionelle Impotenz des Mannes und ihre Behandlung*, 1907; W. Stekel: *Nervöse Angstzustände und ihre Behandlung*, Viena, 1908 (2.ª ed., 1922); Ferenczi: *Analytische Deutung und Behandlung der psychosexuellen Impotenz beim Manne*, en *Psychiat. Neurol. Wochenschrift*, 1908.
⁴ W. Stekel, *l. c.*, p. 191.
⁵ Ha de reconocerse, de todos modos, que la frigidez femenina es un tema complejo, accesible desde otros puntos.
⁶ Floerke: *Zwei Jahre mit Boecklin*, 1902.
⁷ Krafft-Ebing: *Bemerkungen ueber "geschlechtliche Hoerigkeit" und Masochismus*, en *Jahrbuecher fuer Psychiatrie*, X Bd., 1892.
⁸ Crawley: *The mystic rose, a study of primitive marriage*, Londres, 1902; Bartels-Ploss: *Das Weib in der Natur-und Voelkerkunde*, 1891; Frazer: *Taboo and the perils of the soul;* Havelock Ellis: *Studies in the psychology of sex.*
⁹ *L. c.*, p. 347.
¹⁰ En muchos otros ceremoniales de este orden está comprobado que la novia es entregada totalmente a personas distintas del novio, por ejemplo, a sus acompañantes (los *garçons d'honneur* de nuestras costumbres europeas).

[11] *Zur Sonderstellung des Vatermordes*, 1911 *(Schriften zur angewandten Seelenkunde*, XII).

[12] *Die Bedeutung des vaters fuer die Schicksal des Einzelnen*, en *Jahrbuch fuer Psychoanalyse*, I, 1909.

[13] Ploss y Bartels: *Das Weib*, I, XII, y Dulaure: *Des divinités génératrices*, París, 1885.

[14] También merece citarse aquí, no obstante apartarse algo su argumento de la situación descrita, una narración, magistralmente concisa, de A. Schnitzler, titulada *El destino del barón de Leisenbogh*. El amante de una actriz de amplia experiencia amorosa maldice, al morir en un accidente, al primer hombre que después la posea. Durante algún tiempo, la actriz, a quien este tabú crea una especie de nueva virginidad, no se resuelve a conceder a nadie sus favores. Pero, enamorada de un cantante, encuentra al fin un medio de librarse de la maldición, entregándose antes, por una noche, al barón de Leisenbogh, que viene solicitándola en vano muchos años. En él se cumple la maldición, y muere súbitamente al descubrir el motivo de su inesperada fortuna amorosa.

[15] *De la patografía a la psicografía*, en *Imago*, I, 1912.

Capítulo 8

[1] Según un término introducido por C. G. Jung.

Capítulo 9

[1] Desde que los trabajos de W. Fliess han descubierto la importancia de determinadas magnitudes de tiempo para la Biología, puede sospecharse que las perturbaciones de la evolución dependen de una modificación cronológica de sus avances.

[2] Ferenczi: *Entwicklungstufen des Wirklichkeitssinnes*, en *Intern. Zeitschrift für Psychoanalyse*, I, 1913, Heft. 2.

Capítulo 11

[1] *"Anal" und "Sexual"*, en *Imago*, IV, 5, año 1916.

Capítulo 13

[1] No veo en la introducción del término "complejo de Electra" progreso ni ventaja alguna que aconsejen su adopción.

[2] Cf. I. Sadger: *Jahresbericht über sexuelle Perversionen*, en *Jahrbuch der Psychoanalyse*, VI, 1914.

³ No es tan rara la ruptura de una relación erótica, por identificación del sujeto con el objeto de la misma, lo que corresponde a una especie de regresión al narcisismo. Una vez efectuada ésta, se puede orientar la libido, en una nueva elección de objeto, hacia el sexo contrario al elegido anteriormente.

⁴ Los desplazamientos de la libido aquí descritos son, ciertamente, familiares a todo analítico, por la investigación de las anamnesias de sujetos neuróticos. Unicamente que en estos últimos tienen efecto en temprana edad infantil, en la época del primer florecimiento de la vida erótica, mientras que en nuestro caso de una muchacha nada neurótica, se desarrollan en los primeros años siguientes a la pubertad, aunque también por completo inconscientemente. ¿Habremos de esperar que esta época demuestre también algún día una decisiva importancia?

⁵ No habiendo mencionado aún tales procesos de "evasión" entre las causas de la homosexualidad ni en el mecanismo de la fijación de la libido, expondremos aquí una interesante observación analítica de este orden. Conocí en una ocasión a dos hermanos gemelos, dotados ambos de intensos impulsos libidinosos. Uno de ellos era muy afortunado con las mujeres y mantenía múltiples relaciones amorosas. El otro siguió, al principio, sus pasos; pero luego le resultó desagradable rivalizar con su hermano y ser confundido con él en circunstancias íntimas, a causa de su mutua semejanza física, y resolvió esta situación haciéndose homosexual. De este modo abandonó las mujeres a su hermano, apartándose en su camino. En otra ocasión traté a un joven artista, de indudable disposición bisexual, en el que la homosexualidad se había presentado coincidiendo con una imposibilidad de trabajar. Un solo impulso le apartaba de la mujer y de su obra. El análisis, que logró reintegrarle a ambas, halló en su temor al padre el motivo principal de las dos perturbaciones. En su imaginación todas las mujeres pertenecían al padre, y el sujeto se refugiaba en los hombres, por respeto al mismo y para eludir toda rivalidad con él. Esta motivación de la elección homosexual de objeto debe ser frecuente. En los tiempos prehistóricos de la Humanidad debió de suceder algo análogo: todas las mujeres pertenecían al padre y jefe de la horda primitiva. Entre hermanos no gemelos, esta "evasión" desempeña un importante papel también en sectores distintos de la elección erótica. El hermano mayor estudia, por ejemplo, música, y logra distinguirse. El menor, de mayores dotes musicales, renunciará, no obstante, a su afición y no volverá a tocar un instrumento. Es éste un ejemplo aislado de un suceso muy frecuente, y la investigación de los motivos que conducen a la "evasión", en vez de la aceptación de la competencia, descubre condiciones psíquicas muy complicadas.

⁶ Esta interpretación de los medios elegidos para el suicidio es ya familiar, hace mucho tiempo, a los analíticos. (Envenenar-

se = quedar embarazada; ahogarse = parir; arrojarse desde una altura = parir.)

[7] Cf. *Zeitgemässes über Krieg und Tod*, en *Imago*, IV, 1915.

Capítulo 14

[1] Cf. los versos de la canción de Desdémona:
I called him thou false one, what answered he then?
Yf I court more women, you will couch with more men.

Indice